The New York Times

Weekend Challenge

FORMIDABLE BUT FUN CROSSWORDS

Edited by Will Shortz

ST. MARTIN'S GRIFFIN ❧ NEW YORK

The New York Times

Weekend Challenge

FORMIDABLE BUT FUN CROSSWORDS

1 CROSSWOOD PUZZLE

by Susan Smith

ACROSS

1. Convince with smooth talk
5. Wallop but good
9. Like some pans
13. ___ lot (few)
14. Architect Saarinen
15. Is beholden to
16. Show authority, in a saying
19. Native of Novi Sad
20. Classic party activity
21. Rumpus
23. Sacred image: Var.
24. Fare-well link
25. Stay for a while
28. Reflects
32. Six-time U.S. Open tennis champ
33. Bistro
34. Divinity school subj.
35. Unaccounted-for combatants: Abbr.
36. Main impact of an attack
38. The Destroyer, in Hinduism
39. Danube city
40. Tom-tom
41. Traffic jam
42. Word with fruit or play
44. Famous park name, once
46. Baby sounds
47. Salve ingredient
48. Charm
51. Caverns
55. 1948 film "The Fallen ___"
56. Be substantial, as a meal
58. Combustible heap
59. Two-dimensional extent
60. "The wolf ___ the door"
61. Slave to detail
62. Where oysters hang out
63. Parker and Waterman

DOWN

1. 60's civil rights grp.
2. Beery of 20's–40's films
3. ___ vez (again): Sp.
4. Soldiers
5. Precise
6. Fix, as a paper clip
7. "Trinity" novelist
8. Slough
9. More intrusive
10. John Irving's "A Prayer for ___ Meany"
11. Square, updated
12. Is loyal to
17. People of eastern Siberia
18. It's not automatic
22. "Present"
24. Govt. agent
25. Heist words
26. St. Teresa of ___
27. Paper measures
29. Bay window
30. Variety show
31. Comedy type
33. Diploma word
36. Halloween transport
37. Box score column
38. Itinerary diversion
40. New Look designer
41. Certain investment, for short
43. Fishmonger's tool
44. Hauled
45. Island greetings
48. Crankcase item
49. Romantic interlude
50. Hurting
51. Skirt panel
52. French river
53. Israeli diplomat
54. Atl. speedsters
57. Check

2 THREE STRAIGHT DOWN THE MIDDLE

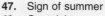

by Martin Ashwood-Smith

ACROSS

1. Whisk
6. Comforting words of empathy
11. Sound at the door
14. Barbera's partner in cartoons
15. Rover
16. Pueblo pronoun
17. Knock for ___
18. February birthstones
20. Decorates, in a way
22. Cork's place
23. Temple of Apollo site
24. "The Jungle Book" setting
25. Loser's place?
28. Bolts over
30. Pulver, e.g., in "Mister Roberts": Abbr.
31. Range rovers
33. Terminal activity
35. Ne plus ultra
36. Tip
37. Made a great point
39. Pitcher's place
41. Edit
42. Portmanteau
43. 1976 Peck-Remick thriller
45. ___-Anne-de-Beaupre, Quebec
46. ___ Rogers St. Johns
48. Roundabout routes
50. Jaunt
51. Reacting to, as a bad joke
55. Some Cadillacs
57. Kind of fairy
58. Highway warning
59. In ___ (untidy)
60. Sharp ridge
61. Great amount
62. Best Picture of 1955
63. Copy at the office

DOWN

1. Tobacco wad
2. Syllables meaning "I forgot the words"
3. Hydroxyl compound
4. "You can't teach ___ . . ."
5. Siesta takers
6. Shipshape
7. Boomerang
8. Foreign office?
9. "Darn!"
10. Old English letter
11. Quarters
12. Harsh
13. Impersonate
19. Long
21. It may come in cases
24. Man, e.g.: Abbr.
25. ___ Na Na
26. Slight sin
27. Decisive conflict
29. Fun, so to speak
32. Like one side of the aisle: Abbr.
34. Cartesian conclusion
36. Seat, slangily
38. Presidential monogram
40. Grp. throwing an open house
41. Loathing levies
42. Minimum
44. "___ Heldenleben" (Strauss opus)
47. Sign of summer
49. Overnight sensation?
51. Navigator Vasco da ___
52. Attendee
53. One-quintillionth: Prefix
54. TV's "___-Files"
56. Farm butter

3 THIS 'N' THAT

by Rich Norris

ACROSS

1. Happy hour patter, perhaps
9. Check
15. Telephone option
16. Bank, often
17. Not facing one's problems
18. Curb
19. Sanctioned
20. I-XII locale
22. Novelist Bagnold et al.
23. Former Serbian capital
24. Piques
26. Troop carrier: Abbr.
27. Fixes
29. Tenets
30. Clinch
31. Kind of bed
33. Cut
35. Teach
38. "The Three ___" (old ballad)
39. Ascribe (to)
41. Stopping point?
42. Fair attraction
43. Uris novel
45. Toy ball material
49. Tide alternative
50. Malaga mister
51. Wreath
52. Weaken
54. Prettily decorated
56. Gardener's purchase
57. More gaunt
59. Like some resorts
61. Was charmed, with "out"
62. Official
63. Some liquid solvents
64. Associations

DOWN

1. Progeny
2. Monogram bearer
3. From furthest back
4. Responded in court
5. King beater, in pinochle
6. Dry
7. Contact
8. "Constant Craving" singer
9. The Unsers of racing
10. Baptism and others
11. Check
12. Facing mirrors, in architecture
13. Real estate posting
14. Some bridges
21. City north of Dayton
25. Valued Persian carpet
28. Tiptoed
29. Cut, in a way
30. Best Actor of 1958
32. Specialized kitchenware item
34. Stuff
35. Claw (at)
36. "Cool it"
37. Met with someone, in a way
40. Pioneer video game
41. Singer Love of 60's pop
44. Corrupt
46. Donahue of "Father Knows Best"
47. Mention
48. Answers skillfully
50. Direct
53. Greek goddess of victory
55. Snippy
56. Over the edge, so to speak
58. Map abbreviations
60. Finalize, with "up"

4 MENTAL WORKOUT

by David J. Kahn

ACROSS

1. Not occurring naturally
7. Beach resort near San Diego
13. Unfortunate landing spot for a parachutist
15. Fabric border
16. Workout expert
18. Bon ___
19. Not exactly PG-rated
20. Dos halved
21. Court wear
23. Incite
24. There was much of this in Shakespeare
25. Lilly of Lilly Pharmaceutical
26. N.B.A. venue, with "the"
28. Acclaim
30. H.M.O. employee
31. "Midnight Cowboy" role
33. "A bird," "a plane" or "Superman" preceder
34. Decorator, e.g.
38. Tic-tac-toe failure
39. Where the United Nations' setup was discussed
40. Pilot's announcement, for short
43. Insolent look
45. Bygone leader
46. Mo. to celebrate National Clown Week
47. Blacken
48. Actress MacDowell
51. Man with a mission

53. Abbr. after a comma
54. More urbane
56. "Tasty!"
57. Workout incentive
61. Most lenient
62. Rat
63. Ornate
64. It had many missions

DOWN

1. "The Racer's Edge"
2. Diva's device
3. Workout activity
4. "Beau ___"
5. W.W. II command
6. Family figures?
7. Skin: Prefix
8. Comedienne Boosler
9. Year in Nero's reign
10. Workout machine
11. Hidden items, sometimes
12. Transplant
14. How obvious? Very much so!
15. Solo, in a way
17. Kind of aide
21. Flushed
22. Gather on a surface, chemically
27. Fannie or Ginnie follower
29. Cannes co.
32. Sesames
35. Howard of comedy
36. D.C.'s Union ___
37. Irish national symbol

38. Rampaging
41. Hurly-burly
42. Sit in the cellar
43. Liquored up
44. Nonvolcanic eruptions
49. Cuckoo
50. Old Dodge model
52. Reply in a children's argument
55. Actress Lee of TV and film
58. Grunts, so to speak
59. "Bear"
60. Modernist, for short

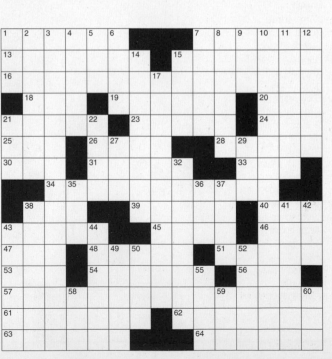

5 POTPOURRI

by Robert H. Wolfe

ACROSS

1. South of the border order
8. "I remember when . . ."
15. Cut off
16. Spark
17. Vandal
18. Had flashbacks about
19. Flaherty's "Man of ___"
20. Narrow inlets
22. Inscribed pillar
23. Makes tracks?
24. First name in gymnastics
26. Command to Rex
27. Conduit fitting
28. Karolyi who coached 24-Across
29. Perfectly
32. Hard to grasp
34. Fake
36. History chapters
38. Quod ___ faciendum
39. Suburb of Providence
42. Lacunae
45. Poseidon's domain
46. Neuwirth of "Chicago"
48. Third book of the Bible: Abbr.
50. Rubbish
51. Wage earner
53. ___ avis
54. Spring
57. "That's ___ blow!"
58. Emulate Ryan
59. Spice route procession
61. Thai towers
63. Nickel, e.g.
64. Like an encyclopedist
65. Minds
66. Governing bodies

DOWN

1. Philippic
2. Ordinarily
3. Not fixed
4. Actors Hale Sr. and Jr.
5. Retardation
6. Ageless, in poesy
7. Dickens, notably
8. Ankle bones
9. Sex-changing suffix
10. Wire measures
11. Give off
12. Greets from afar
13. Manet's workplace
14. Reserved
21. "Paradise Lost" character
25. Suffix with liquid
28. One of "The Usual Suspects" of film
30. Inedible orange
31. Heine poem "___ Troll"
33. Settings for idylls
35. Faithful wives
37. Posthaste
39. Lutheran hymn
40. Calls it a career
41. Ancient Greek coin
43. Expression of approval
44. Notched
45. Shipping inquiry
47. Meaning of "cave"
49. Ravel works
52. Carries on
53. 70's TV spinoff
55. Indistinguishable
56. What one isn't
60. Tiny toiler
62. Report maker

FOUR BY ELEVENS

by Frank Longo

ACROSS

1. Capital of Equatorial Guinea, formerly
12. Quote the raven
15. "Gianni Schicchi," e.g.
16. Couple's pronoun
17. In a fixed manner
18. Long-distance letters
19. Alamo and cottonwood
20. Monty Python show opener
21. Indeed, in Psalms
22. Footnote abbr.
24. Disney owns it
27. James who originated the phrase "Taxation without representation"
30. Violinist Camilla ___
31. River that rises in Lake Tana
33. View from Catania
35. Ram
36. Important caviar source, with "the"
38. Cubism pioneer
39. Con's preoccupation
41. Terminus
43. Hit the sauce
44. One who prefers charges
45. Masters holder, briefly
46. Avant-garde film maker Maya ___
47. Travel account
49. Sizable server
50. Hall of Fame shortstop
58. Detective story pioneer
59. Relief
60. Man-vs.-machine play
61. Champlain discovery
62. Kin of -trix
63. Firefighters, in slang

DOWN

1. Elective course?
2. Latin word on a cornerstone
3. Minimum-range tide
4. Correspond
5. Artemis turned him into a stag
6. Repeating
7. Kind
8. On ___ (commensurate)
9. Enfant
10. Della's creator
11. Plans in detail
12. Place for balloons
13. Activity around the block
14. Spin imparter
23. Response to "grazie"
24. Novelist Prevost
25. Swaggering
26. Economize
28. Specialized U.N. agcy.
29. Two-time U.S. Open champion
32. Military march
33. French cake immortalized by Marcel Proust
34. Dog star
37. Beast of the genus Connochaetes
40. Foreign correspondents?
42. How some dividends are distributed
46. Painter of the Barbizon school
48. Intimate
51. "Rio Lobo" actor
52. Nevada town
53. Hebdomad
54. Ancient reveler's "whoopee!"
55. Name on a European postage stamp
56. "Bon" time
57. Genesis name

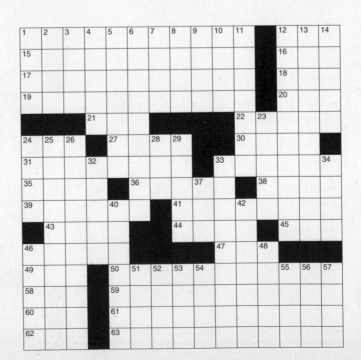

7 ONCE IS NOT ENOUGH

by Martin Schneider

ACROSS

1. *"Toil and trouble" preceder
7. *Normal, in a way
13. The N. Platte, e.g.
15. Less sound
16. Increaser of one's growth potential?
17. Gifts
18. Pub supply
19. Garments for granny
21. Nintendo's Super ___
22. Tito's homeland
24. Slalom segment
27. Like some arches
28. Car part
29. Taxonomic div.
32. Willingly
33. Composer Mahler
35. "___ Male War Bride" (1949 movie)
37. Sound units: Abbr.
39. Fin de ___ (remainder): Fr.
40. Marinated beef strip
42. Official records
44. Cape ___
45. Some boxing wins
46. "The Thrill Is Gone" singer
48. "___ out!"
49. Adriatic port
50. Typewriter key
53. Pieces
54. "Que ___ es?" (Spanish 101 question)
55. Sneakers brand
58. Made of certain twigs
61. Many a Miamian
62. Corporate routine
63. *1990's sitcom
64. *Name in the news, 6/5/68

DOWN

1. *English pop group
2. "___ Mio"
3. Spurs
4. It's unfair
5. Year in Nero's reign
6. Poetic contraction
7. Out of the freezer
8. *Home of Whitman College
9. Squeezes (out)
10. Writer Anais
11. Hanoi festival
12. Age: Abbr.
14. Cobbled
15. What each star represents
20. Like the answers to this puzzle's 12 asterisked clues?
22. B
23. BBC's Italian counterpart
24. *Newsboy's cry
25. Assassinated
26. *Height of the N.B.A.'s Gheorghe Muresan
28. Peer Gynt's mother
29. *Evenly split
30. Open-eyed
31. *"Catch-22" character
34. Strunk & White subject
36. Family member
38. Clip
41. Rubber
43. Cable choice
47. Short hair, to Burns
49. *"It'll be O.K."
50. The Bible before Joshua
51. Asian palm
52. *European resort
53. Burlesque bit
54. Munster Mister
55. Duos: Abbr.
56. Defendants at law
57. Nail-biters: Abbr.
59. Eur. carrier
60. "Lord, is ___?"

A WORLD OF WORDS

by Matthew L. Jones

ACROSS

1. Letterman's last guest on NBC
9. Associates
14. Burn treatment
15. Springy?
16. "Little buddy" of 60's TV
17. Captivate
18. End of the year, e.g.
19. "Roll __ bones!"
20. Base
21. Make out
23. Vice follower
25. Grandchild's seat
26. Catholic Bible version
28. First Nobelist in Physics
31. Woody
33. Woody pipe
34. Pop vocalist Annie
36. Magic act
39. "The door's open!"
41. Olympic statistic
43. Pacific island chain
46. Antisesquipeda-lian
47. 1944 Bill of Rights subjects
48. Make confetti of
50. Friend en francais
51. Country with a blue, black and white flag
54. Def, to a slangster
56. Tilde carriers
57. Labor leader of note
58. Stimulus that causes strain
60. Literally, empty hand
61. Parting phrase
62. European cars
63. Probed

DOWN

1. Miscellanea
2. 1980 Shelley Duvall role
3. Chemistry class model
4. Norse underworld queen
5. Passionate
6. Over half of Israel
7. "Seinfeld" character
8. __ Ysidro, Calif.
9. Feller with Teller
10. Inferential word
11. Qualify
12. Eponymous Lord
13. It was azure-lidded, to Keats
15. Omission of all animal products from the diet
20. Rhone tributary
22. Julie __, voice of Marge Simpson
24. Hold up
27. Single-named New Age musician
29. Be quiet, to a musician
30. Good egg's rank?
32. Certify, in a way
35. City near Dayton
37. Tortellini topping
38. Shakespearean locale
40. Bad-mouth
42. Fumes
43. Bit of bad luck
44. Gazing
45. Additional charge
47. Lizard with clingy toe pads
49. Arctic fur
52. Site for a race
53. Snags
55. Make judgments
58. Marie, e.g.: Abbr.
59. Phys., but not phys. ed.

9 CROSS CURRENTS

by Rich Norris

ACROSS

1. Grating
9. Less exciting
14. Algonquian tribe member
15. Hen or pen, e.g.
16. Over
17. In high regard
18. Latin 101 word
19. Pacific Coast Highway, for one
21. "Fiesque" composer
23. "Death of a Naturalist" poet
24. Highlander's reply
25. Slowpoke
27. Something to pick
28. Withdrawal site, for short
29. Not pay attention
31. Castor's mother
34. Anonymous party to a legal suit
35. Irritable
39. Deuce, e.g.
41. The name of the Rose?
42. "Buenos ___"
44. Come together
45. Coll. in Troy, N.Y.
46. Get moving, with "up"
48. Where tears may be found
52. Piz Bernina, for one
53. Tots' hiding game
56. Greenock hillock
57. "Jewel Song," e.g., in "Faust"
60. Encl. with a submission
61. Come up with something
62. City on the Danube
64. Holy one?
65. "Rin Tin Tin" star of 50's TV
66. City on the Ruhr
67. Sonnet feature

DOWN

1. Toasts
2. Heartless one?
3. Soft drink choice
4. 50's appellation
5. Stops up
6. Part of a period
7. Actress Corcoran of "Bachelor Father"
8. Secure obliquely, in carpentry
9. Lingerie item
10. Love, to Livy
11. Ristorante offering
12. Lift
13. Got back
15. Turn to
20. Big name in computers
22. Farm sound
26. Put down
30. Kind of particle
32. Track
33. Bowled over
35. Mooch
36. Loses it
37. Los Angeles team
38. His real name was Arthur
40. Association
43. In view
47. Chicken George portrayer in "Roots"
49. Like some stairs
50. Partnership
51. Exacting
53. It can help keep time
54. Pip
55. Like velvet, e.g.
58. Opposite of well
59. Ice cream thickener
63. Sound of support

by David J. Kahn

ACROSS

1. Construction lifts
7. "If ___ a nickel . . ."
11. Pointed criticism
14. You can say that again!
15. Section flanked by aisles
16. Hubbub
17. Appoint
18. Spring zoo attraction
20. Tick off
21. Dearie
22. Ambles (along)
23. Magellan, e.g.
27. Crescent-shaped figure
28. Olive ___
29. Beach time in Buenos Aires
32. Retired
33. Struggle
34. O'Brien of "The Barefoot Contessa"
36. TV news time
37. Namesakes of a literary fox
39. Suffix with saw
40. Plain homes
42. Eight pts.
43. Not occurring naturally
44. ___ voce
45. Adaptable truck, for short
46. Stonewort, e.g.
47. Confederate soldier, at times?
50. Pundit
53. Where to hear "All Things Considered"
54. Number of articles in the Constitution
55. New York City opera benefactor?
57. Melon originally from Turkey
60. Tide rival
61. Noted first name in jazz
62. Like Alban Berg's music
63. Get spliced
64. ___-poly
65. Metric units

DOWN

1. Med. care provider
2. Sweep
3. World's fair pavilion
4. Famished
5. Tot's transport
6. Start of many Western place names
7. Theme of this puzzle
8. 1492 Columbus discovery
9. Dow Jones fig.
10. Pool areas
11. Item in a trunk
12. Together, musically
13. Feints in boxing
19. "Air Music" composer
21. Contribute, as to an account
23. Criticize in no uncertain terms
24. Red corundums
25. Continues
26. Razzed
30. Louis XIV, to himself?
31. Wound up
35. Cheerless
37. Attorney's request
38. Critic
41. Old words from which modern words are derived
43. Half of the Odd Couple
48. Sound of passage
49. Not perfectly round
50. Fish-eating duck
51. Ginger Rogers tune "___ in the Money"
52. Not much
56. Day-___
57. Be-bopper
58. "Phooey!"
59. Capp and Capone

11 · TO THE NINES

by Richard Hughes

ACROSS

1. Lived it up
10. Wedge-shaped inserts
15. Too keen
16. Site of two of the Ancient Wonders
17. Ace
18. Slag
19. Put ___ ease
20. Tore
21. Third rock from the sun
22. Toward the end
24. Rap's Dr. ___
25. Marching band instruments
29. Detects
31. Italian count?
35. Actress Balin
36. Commando's outing
37. He was Amin guy
38. Crate component
39. CNN parent co.
40. Partner
42. Spoiled rotten
44. Hungry
45. It's equal to 100 ergs per gram
46. Deeply personal
50. Ford's folly?
52. First name in coaching
53. "___ Andy Warhol" (1996 movie)
58. Buddha's birthplace
59. Discordant
61. Herd
62. Mesmerized
63. Sandburg's "farewell-summer flower"
64. Called into question

DOWN

1. Jolly sound
2. Calling company?
3. Strike out
4. Field
5. "___ ever so humble . . ."
6. Airline to Chile
7. Site of the Temple of Hephaestus
8. Foreign assembly
9. Ontario's ___ Canal
10. Certain home improvers
11. Ring dance
12. Excessive
13. Was unkind to
14. Casements
22. Shaq's alma mater
23. Really big shoe
25. Hudson's Bay Company, e.g.
26. Poorly situated
27. Impose
28. Roush of the Reds
30. Risotto alternative
32. It may block the Rhein
33. Fall sports stats
34. "Wild Orchid" locale, 1990
38. Fall from grace
40. Author Rand
41. Director's cry
42. Rhoda's sister
43. Rudder attachment
47. Frenzied
48. Northeast college town
49. Prince of Darkness
51. Sun shade
53. About
54. L.I.R.R. stops
55. Stalk
56. Years ago
57. Prepared to drive, with "up"
60. Multinational business inits.

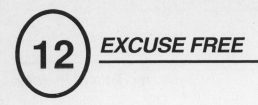
by Isabel Walcott

ACROSS

1. Like The Citadel, now
5. The Constitution, e.g.
9. Wing it
14. Fit
15. Place for a pig
16. Metier
17. With 35-Down, a birth announcement
18. Place to hold a banquet roast?
19. Like some diseases
20. Heavy-duty kitchen implement
22. Rebound
23. 60's sitcom that had a whistled intro, with "The"
28. Prepare to share
32. Circumference
33. Sheik's peer
34. March V.I.P.
35. N₂O, e.g.
38. What a "choosy mother" might pack for lunch
42. Ninny
43. CompuServe service
44. Wit Bombeck
45. Winter Palace residents
46. Put on ice
48. Unsavory MTV cartoon duo
52. Chevy rival
53. Familiar five-word phrase that means "Excuses are unacceptable!"
58. Staffers
60. Abominable Snowman
62. Turnoff
63. Reinstates
64. Dark ___
65. Southwestern sight
66. Elliptical
67. Crawl
68. Black

DOWN

1. Smart
2. Swear word
3. Otherwise
4. Sugar substitute?
5. Mooch
6. Remain in an uncertain state
7. "Crusade in Europe" author, familiarly
8. Place for a pig
9. Recreational four-wheeler, for short
10. Least sweet
11. Durable wood
12. Where Shoshone Falls falls
13. Not on deck
21. "The Spanish Tragedy" dramatist
24. Rather stout
25. Press on
26. Alpine elevator
27. Billboard listings
28. ___ vu
29. Troublemakers
30. Struggles
31. Stash for cash, briefly
34. Maze word
35. See 17-Across
36. Tiptop
37. Roe source
39. 40's theater director James
40. Thurman et al.
41. Cause of a fly's demise
45. Idiot boxes
46. The way and the path
47. They might be zapped
48. Crow
49. Type of type
50. Milk snake
51. Keypad key
54. This might be in for the long haul
55. Farm team
56. Put on the line
57. Corset part
59. Mariner's dir.
60. Deviation at sea
61. Psychology I

SHAPE UP

by Mark Elliot Skolsky

ACROSS

1. Delete, in a way
4. Low blow?
8. Glacial ridge
13. Run of the ranch?
14. Riyadh resident
15. "___ crying over spilt milk"
16. Alpine aster
18. Pound
19. Kind of show
20. Radical
21. Fluid container
22. Baryshnikov's former co.
25. ___-Magnon
26. Attach, as a patch
28. Antwerp artisan
30. Saw in the direction of the grain
31. Jackie's second
32. Game plan
34. Pitching credit
35. Saki story
38. ___ Thai (official name of Thailand)
39. Unskilled writer
40. 67-Across employee
41. Stupidity
43. Went underground
44. Rhoda's mom
45. Eskimo's environs
49. Corrida cheer
50. ___ deferens
51. Pilot's heading
52. God whose symbol was two horses' heads
53. Three on a match?
55. Model Campbell
57. Rod with a racquet
58. Distinguished politicians
62. Concerning
63. A head of Time
64. A head of France
65. They make a mint
66. Epitome of 41-Across
67. Tax agcy.

DOWN

1. Group of signs
2. Instant impression
3. Former Rhode Island Senator
4. ___ kwon do
5. One of the Four Forest Cantons
6. ___-relief
7. Bodybuilder's pride
8. Degree of randomness, in science
9. It's near Piccadilly
10. "Seven Samurai" director
11. Arcane
12. Yankee's foe
13. 1988 Peter Allen musical
17. Doc's best friend
20. Brigs, e.g.
23. Where the U.S.S. Cyclops disappeared
24. Shocks
25. "Rambo" actor Richard and kin
27. Flirtatious signal
29. Prufrock creator's inits.
33. Bill
35. Canyon feature
36. Mike Hammer's creator
37. Restyled
39. 33d Pres.
41. Distracts
42. Public to-do
46. Fraternal twin, in chemistry
47. Bill Haley's backup
48. Round-Manhattan cruise company
54. Outlet
56. Wine region
57. Varnish ingredient
58. ___-pitch softball
59. Formal wear, informally
60. Crackerjack
61. Part of a royal flush

by Brendan Emmett Quigley

ACROSS

1. Like topiary
7. "The never failing vice of fools": Pope
12. Went into hiding
14. Brawl activity
16. Not in yet
17. Stirs
18. 1993 musical with the Best Original Score
19. Product once pitched by Grace Kelly
21. Pandowdy, e.g.
22. Parseghian et al.
23. Multitude
24. Thomas Moore ballad locale
25. Artist Gerard ___ Borch
26. Eminent Washington family
27. Shakespearean female roles
28. "Shiloh" novelist Shelby
29. Strong
30. Standup comic with a sitcom
33. "G.W.T.W." extras
34. Whoop it up
35. In the back
36. Bristol-Myers Squibb brand
37. Eden and others, for short
40. Following
41. Surged
42. Stay fresh
43. 911 responder
44. 3-D graph lines
45. Dame's introduction
46. Raphael's "___ Madonna"
48. Victory site of March 1945
50. Japanese mats
51. Veto
52. Navajo home
53. City dweller's pocketful

DOWN

1. Barraged
2. Caricaturist Daumier
3. Baseball's Sandy
4. Salon orders
5. Go round and round
6. Anticipated
7. Ring up
8. 1990 World Cup site, locally
9. "___ had it!"
10. Alacrity
11. 100%
13. Before
14. Lots
15. Let up
20. Condition ahead of time, as film
23. Goes by foot, with "it"
24. Palatable
26. Summer intern, maybe
27. Tony winner Swoosie
28. E
29. Idiot
30. Old Testament book
31. Makes a choice
32. Enters, as a controversy
33. Most inferior
36. Quashes
37. Dress size
38. Sea creatures of myth
39. Catches, in a way
41. Arrived breathlessly
42. 13th Precinct lieutenant
44. Coors product since 1992
45. Canceled
47. Moniker
49. Showery

15 CORNERING ABILITY

by Daniel R. Stark

ACROSS

1. Greta Garbo portrayal
8. Spans
15. Opposite of gregarious
16. Rung of a ship's "ladder"
17. With stridor
18. Condense
19. These yield gum arabic
20. Nappies
21. Horsehide or pigskin
22. Brandish
24. Jalousie unit
25. First name in photography
27. Consumption
28. One of the Hindu Trimurti
29. Employs a scope
31. Fort Sill resident
32. Pillowcase material
36. Members of the birch family
37. Apprentice
38. Crab Key fortress villain
40. New England "catch of the day"
41. Mature, in a way
42. Above, in a text
47. Blow the whistle
48. Frat recruits
50. Implored
51. Easy victory
53. It's stuck in a corner
55. Modernize
56. Triggers
57. Equipment for a work detail
58. Attire
59. Minimally worded
60. Understanding

DOWN

1. Yellow-skinned fruit
2. ___ School (20th-century art group)
3. Plutarch work
4. Site of a cold snap?
5. 1953 Mel Ferrer film
6. TV title on a license plate
7. Shangri-la
8. Birthplace, metaphorically
9. Very enthusiastic, as a fan
10. Other, to Orozco
11. Careless
12. Moonlighting
13. Lapidary, at times
14. Hit the canvas
23. Non-P.C. suffix
26. Nixon Defense Secretary
28. Memorable flights
30. Wayhouse
31. Honshu honorific
32. Doubt
33. Disconnect
34. More intense
35. Aerobics gear
38. Brace
39. Get some air?
41. Most in need of a moisturizer
43. Computer availability
44. Typewriter roller
45. University official
46. Hymn opening
48. Drops out of contention
49. TV colonel
52. "Minimum" amount
54. Tizzy

16 IS THERE A SNAKE IN HERE?

by Rose White

ACROSS

1. Unposed photo
7. Streisand, in fanzines
11. Cpl.'s superior
14. Tom, Dick or Harry
15. Year in Henry I's reign
16. Court
17. Military meal manager
19. Set off
20. Used a sauna
21. What "bathy-" means
23. Homeboys' "fraternity"
24. Consulate's kin
25. Somewhat firm
28. Track tournaments
29. Woolen cloth
30. Homes of the rich and famous
33. Beauty preceder?
34. Epoch
35. Hieroglyphic stone locale
40. Musical counterpoint
44. Prison guard, in slang
45. Air shafts for mines
46. Lewd
48. Sweep with binoculars
49. Decapitates
50. Hearty?
54. Clockmaker Terry
55. Embroidery style
57. Kind of camera: Abbr.
58. Margarita garnish
59. Author Welty
60. Grab a bite
61. "Waiting for the Robert ___"
62. Let live

DOWN

1. Rotating engine parts
2. Over
3. Amex alternative
4. Pharmacist's concerns
5. Coffee choice
6. Diplomat's quest
7. Mercedes competitor
8. University environment
9. Ancient galleys
10. Auxiliary wager
11. Diner entree
12. Al et al.
13. Hungarian wine
18. Nosed (out)
22. ___-cake (baby's game)
25. "Suppose they gave ___ . . ."
26. Sign of The Times?
27. Tuxedo accompaniment
31. River to Donegal Bay
32. Hurdles for srs.
36. Behold, to Pilate
37. Something cloying
38. Plant runner
39. Absolutely fabulous
40. Platters
41. Covers completely
42. Nascent company
43. Shaw play
46. Corpulent
47. Italian's word of approval
51. "Ripley's Believe ___ Not!"
52. 4,047 square meters
53. Neighbor of Nigeria
56. Bishop's jurisdiction

17 BOOKENDS

by Martin Ashwood-Smith

ACROSS

1. Personal things?
4. It's full of roots
9. Rocky Mtn. highs?
13. Takes home
15. ___ Conferences of 1899 and 1907
16. ___ Maar (Picasso mistress and subject)
17. Some Havanans
19. Actor Morales
20. Round rolls
21. Sentimentality
23. Outer limit
24. Pizza topping
25. One that's over due?
27. 1969 Hoffman role
29. Author ___ Yutang
30. "Independence Day" actor
32. Fleetwood Mac's "Walk ___ Line"
33. Mason attachment
34. Commercial prefix for many cold-weather products
35. Comic actor John
36. Like a shake roof
39. Mollycoddles
40. Military demolitions expert
41. Shoot the breeze
42. Take a bough
43. Nursery items
44. Monthly service
46. Trip
47. French story
48. Long ___
49. Millionths of a meter
51. Singer Ocasek of the Cars
52. Old-fashioned contraction
54. ___ one's welcome
56. Noted name in newspapering
58. Hospital helper
60. "___ Three Lives" (TV oldie)
61. "The Pirates of Penzance" heroine
62. Roulette bet
63. ___ Jr. (acting son, familiarly)
64. Beethoven dedicatee
65. Antis

DOWN

1. Body builder?
2. One usually precedes 15-Across
3. Infant's dessert, maybe
4. "Leaving Las Vegas" co-star
5. Hack's place
6. Palindromic title
7. Took a stab at?
8. Colombian coin
9. "The Sultan of Sulu" writer
10. Fall short in votes
11. 50's innovation
12. Hoped for salvation
14. Whist variety
18. Roulette bet
22. They're all talk
26. Capital city till 1960
28. Chemical suffixes
31. Mouse manipulator
35. Hood
37. Take down ___
38. Right, in a way
39. Crews' quarters
41. Bender
44. Invitation notation
45. CPR pros
50. "No man ___ . . ."
53. "Trust ___" (1937 hit)
55. Ubangi tributary
57. 80's Pentagon letters
59. Diamond stat.

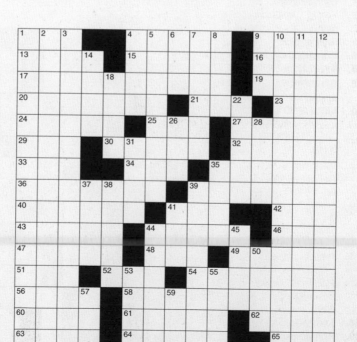

ACROSS

1. Bidding strategy
9. Deft
14. Oater backdrop, e.g.
15. Nursery rhyme merchant
16. Air, vis-a-vis wine
17. Notify
18. Sgt., for one
19. Igneous rock sources
21. Noun-forming suffix
22. Butter substitute?
24. Objects of handholding
25. Airline from Lod airport
26. Footnote abbr.
28. Debut of 10/11/75, briefly
29. Literary tribute
30. Fen ___ (meadow plant)
32. Kind of order
34. Continuously
35. Avoiding publicity
40. Anne Nichols protagonist
41. Code sound
42. Calendar abbr.
43. "St. Elsewhere" roles
44. It's positive
46. Some campus returnees
50. Ravel's "Gaspard de la ___"
52. Bowling Hall-of-Famer Dick
54. Biblical name meaning "weary"
55. Fictional Chinese scientist
56. Conciliatory
58. 800 preceder
59. Frequents, in a way
61. "Take it! It's yours!"
63. Draft orders
64. Haydn oratorio, with "The"
65. Soft fabric
66. Was busy

DOWN

1. Bathroom item
2. Campaign topic
3. Particles in electrolysis
4. Punishment, with "the"
5. A little off
6. Piano virtuoso ___ Berman
7. Certain fraternity men
8. Not playing
9. N.F.L. Hall-of-Famer Luckman
10. Bank
11. Romantic announcement
12. Falls
13. Churchgoers, at times
15. Be approved
20. Prayer name
23. Twilled fabric
27. First word in Connecticut's motto
31. Deli discard
33. Thing of beauty
34. "Gentleman Jim" portrayer
35. Utmost
36. Hard
37. Raise the dead?
38. More bright, as colors
39. "___ du tout" ("Don't mention it"): Fr.
45. Lady for Don Juan
47. Bradley University site
48. Phone request
49. Lusters
51. Start of a Poitier film title
52. Composure
53. Used a kitchen utensil
57. Crack, in a way
60. "___ Day Now" (1962 hit)
62. Natl. League city

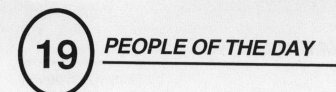

19 PEOPLE OF THE DAY

by Gilbert H. Ludwig

ACROSS

1. Thriving time
5. Seed covering
9. Make meek, in a way
14. Bring down
15. Kierkegaard, e.g.
16. Poolside turban
17. Scene of W.W. I fighting
18. "Black Beauty" author
20. Mourning
22. "Keep it up, fella!"
23. Don't believe it!
27. Pond dwellers
28. Ice ___
30. ___ populi
31. Sighting off the California coast
34. Spiffy
35. Noone
37. Newscaster Paula
39. Relents
40. Prefix with propyl
41. Screen
42. Can't take ___ an answer
46. Play by 21-Down
48. Film maker?
50. Knight
53. Slapstick, e.g.
56. Falkirk citizen
57. Harry Connick Jr.'s "___ and a Smile"
58. Lots of bucks
59. Some story
60. Brisk
61. Lith. and Azer., once
62. Suffix with huck

DOWN

1. Patronizes
2. At the scene
3. One-named folk singer
4. Subject for St. Thomas Aquinas
5. Hersey's bell town
6. Tall and wiry
7. Places to overnight
8. Rachel's sister
9. Singer Nicks
10. Author Barbara of "Laughing All the Way"
11. It's inspired
12. Football Hall-of-Famer Blount
13. Wing
19. Writer de Beauvoir et al.
21. See 46-Across
24. Maintain
25. Former part of Portuguese India
26. Inside no.
28. Blue-ribbon
29. Unhurried gait
32. Unfair employers
33. Word after over or clover
34. Family providers?
35. "Git!"
36. Piano pro
37. Move to the side
38. Soda ___
41. Hard to open
43. Contributor of big bucks
44. Mr. Chips portrayer, 1969
45. Flat dweller
47. Perform lousily
48. Freud contemporary
49. Many teamsters
51. Former Fords
52. They fit in sockets
53. Tube top
54. Take credit?
55. Earth orbiter

by Manny Nosowsky

ACROSS

1. Holds back
8. Watery
15. Do tests on
16. Africa's ___ Faso
17. Port sight
18. They're not as big as jars
19. Gilmore of basketball
20. Grave
22. ___-di-dah
23. Cynic's retort
24. Reproductive body
25. She played Gilda in "Gilda"
26. Peeples of "Fame"
27. It may be dirty
28. Chief Justice after Marshall
29. "Ditto"
31. Dries up
32. Refuse help
34. Kvetch a lot
37. Daytime TV offering
41. Like Miss Muffet's fare
42. Saavedra ___ (1936 Peace Nobelist)
43. In vitro items
44. Pouch holders, for short
45. "V" villain
46. No stay-at-home
47. Certain photo order: Abbr.
48. Palm leaf
49. Site of Tiberius's villa
50. Obscure stuff
52. Release
54. Countermanded
55. Western ravines
56. Daggers
57. Overseas assembly

DOWN

1. Preserves
2. It's way out of town
3. Wrestling duo
4. Scope
5. Jamaica's Ocho ___
6. Genes material
7. Isolate
8. Recant officially
9. So
10. Give a little push
11. Ticker tale?
12. Vital engine conduit
13. Left over
14. Steps fancily
21. "Huh?"
24. V.I.P. from Araby
25. Wrecks
27. Theatrical
28. Points at the dinner table
30. "Heavens to Betsy!"
31. "___ of the Year"
33. One losing power, perhaps
34. Puts on for a certain audience
35. Hut style
36. Surgical specialty
38. Notoriously malodorous birds
39. Manage
40. Least confident
42. Big name in insurance
45. French traffic order
46. British pens
48. Big bash
49. Shoe impression, maybe
51. Former world chess champion from Russia
53. "Smoking or ___?"

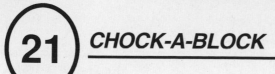

21 CHOCK-A-BLOCK

by Frank Longo

ACROSS

1. One may be red, white or silver
4. Bar placed across a guitar fingerboard
8. Buttonhole
14. Osaka-to-Tokyo dir.
15. Neisse River's outlet
16. Mambo's cousin
17. Light, one-seated carriage
19. Night-blooming cactus
20. Coal tar derivatives
21. One may be terrible
22. Approve, in a way
23. Oscar winner Wiest
24. Robe rooms
26. More mysterious
27. Host
28. Rips through pages?
30. Melted glace
31. Beastly blower
38. Opera "The Tale of __ Saltan"
42. Antarctica's __ Coast
43. "Tsk!"
45. Cruise destination
46. Statue brought to life, in myth
47. Kind of plan
48. Studying secondarily
49. Musicians' treasures
50. Almost any Three Stooges movie
51. Heed John the Baptist's advice
52. "The Girl With the Hatbox" star

53. "Taps" time
54. Electroplating terminals
55. Kettle sound
56. It starts in April in D.C.

DOWN

1. A Ford
2. One who does voice-overs
3. Style of the Ashcan School
4. Beneficiary's brother, perhaps
5. Keats, to Shelley
6. Cartoon character who debuted in 1944
7. They're found in the ground
8. Assumed, with "to"
9. Guillotined French poet Andre de __
10. Dough to go?
11. About 3.5 million square miles
12. Didn't go near
13. Some test participants
18. Cracked
25. Words before "Love" on screen and in song
29. Lauders
31. Nancy's successor
32. Creative types
33. Heavy-handed group
34. Obscured, with "out"
35. Travel agent's suggestion
36. Can't take
37. 1973 Pulitzer winner FitzGerald
38. "Amadeus" choreographer
39. Gorge
40. Fixed up
41. Chromatography spray
44. Popular liniment brand
48. Mare's-nest

22 POMP AND CIRCUMSTANCE

by David J. Kahn

ACROSS

1. Bedim
6. Rude one
10. With 58-Down, a religious monogram
13. Contradict
14. "Same here!"
15. Hatcher
16. Graduation day V.I.P.'s
19. Newborn
20. Flunky
21. Nimbus
22. Short-legged hunter
24. Graduation day award
29. Biblical twin
30. 1953 Leslie Caron role
31. Graduation day word
39. Dickerson of the N.F.L.
40. Captain, e.g.
41. Prize for 16-Across
48. Vaporize
49. The Supremes, e.g.
50. Bring (out)
51. Tree whose product is used in making soap
55. 24-Across and others
60. "A Chorus Line" standard
61. ". . . woman who lived in ___"
62. Extremist
63. Old geographical inits.
64. 100 sawbucks
65. Pried

DOWN

1. Overseas network
2. City NW of Madrid
3. Suffix with salmon
4. Troubles
5. Come back again
6. Words after 31-Across
7. Financial page heading: Abbr.
8. Sound at the circus
9. Aussie hopper
10. Suntanner's seat
11. Ranch worker
12. Some blowups
14. ___ Park, N.J.
17. Tackle
18. Cellar dweller's place
22. Composer Bartok
23. Very busy
24. Holiday mo.
25. Spanish bruin
26. Fire
27. Action on the shirt sleeves
28. "___ Liza Jane" (old glee club favorite)
32. Nautical danger
33. Dilettantish
34. Acapulco aunt
35. Subj. of a rollover
36. ___-leaf cluster
37. Compass heading
38. Jupiter's domain
41. Emotion of pity
42. Long-necked waders
43. Housekeeper, sometimes
44. ___-Honey (candy bar)
45. Take for ___
46. Fortune
47. Cork shooter
52. "Alice's Restaurant" name
53. "Why don't we?"
54. Nothing more than
56. Betray, with "on"
57. Object of E.P.A. monitoring
58. See 10-Across
59. Blue

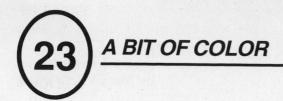

23. A BIT OF COLOR

by Gerald R. Ferguson

ACROSS

1. "Cheers!"
10. 1995 Horse of the Year
15. Chesterfields
16. Julio's opposite
17. Opera cast members
18. Important boards, for short
19. Molecules that bind to receptors
20. If-looks-could-kill looks
21. Certain neckline
22. Humorist Lebowitz
23. Encrusted
26. Captain's log heading
30. Shows
31. Blisters, of a kind
32. Handicap
33. Force units
34. Still-life subjects
35. Foundry device
37. Kind of fair
38. Capable of being felt
39. ___ profundo
40. Chamber workers: Abbr.
41. Headlight setting
42. Lifter's asset
45. Singsong sounds
49. Press into service
50. Ships' sinkers?
52. Glorify
53. They get taken to dinner
54. Word with hard or hook
55. Duesenberg A's, e.g.

DOWN

1. Weave's partner
2. Geometry's ___ of Cassini
3. Actress Copley
4. Math class, informally
5. Parts of sonnets
6. Engaged in reverie
7. Horse racing Hall-of-Famer Earl
8. Western Athletic Conference team
9. They're not part of the body: Abbr.
10. Tornado refuge sites
11. Ropes, so to speak
12. Reverse, e.g.
13. Museo offering
14. "E.R." doctor
20. Homecoming V.I.P.'s
22. Town by Palisades State Pk.
23. Fighting force
24. Scientific discovery of 1894
25. Tallies
26. Airs
27. Rich tapestry
28. Fifty minutes past the hour
29. "___ quam videri" (North Carolina's motto)
30. Penitentiary count
31. Inventor McCormick
33. Blackmore heroine
36. Nourished: Var.
37. Young salmon
39. Not square
41. Words before hint or line
42. Ill-tempered
43. Ruin
44. B'way hits
45. "___ the mornin'!"
46. Settled
47. Low-cal
48. Impressionist
50. Ancient Roman spirit
51. Natl. registry org.

24 TALL ORDER

by Martin Schneider

ACROSS

1. Eponymous Dutch explorer
7. Reg.
10. Adventure hero Williams
14. Whole
15. Indignation
16. Treaty of Versailles river
17. Start of a quip
19. Bias
20. Eta : aitch :: rho : ___
21. Echoes
23. Part 2 of the quip
25. Aeronautics achievement
26. Four-stringed instrument
27. Openings
28. Scruff
29. Royal topper
33. Part 3 of the quip
36. Part 4 of the quip
37. "___ by land . . ."
38. Capital city founded in 1050
41. Member of a British family
42. Graphic designer's tool
44. Barristers' accouterments
45. Part 5 of the quip
48. Paul Bunyan device
49. Form of Latin "to be"
50. Working
51. End of the quip
55. What this isn't
56. ___ center
57. Noted writer imprisoned for bank embezzlement
58. Anglo-Saxon slave
59. Certain hotel, for short
60. Civil rights activist Evers

DOWN

1. Seasonal contraction
2. Request to Vanna
3. Set forth
4. Coped
5. Played
6. Last in a long line
7. Assesses
8. Engineering construction
9. Mean
10. Add gradually, as crops to a field
11. "Dombey and Son" woman
12. Row
13. Waste of a meal
18. Eleniak of "Baywatch"
22. "Cape Fear" co-star
23. Element in colemanite
24. Hovered
25. Lower Broadway area
30. Conceding
31. It might make a bad lie
32. Subject of illicit trade
34. Floppy
35. More frequently, old-style
36. Mouselike animal
38. Bogey
39. Worm: Prefix
40. Queen Elizabeth, for one
43. Marshmallow roasters
44. Pined
45. Some are Greek
46. Beelike
47. Constitution's first words
48. Kind of crime
52. Day, in Hebrew
53. Org. with 3.4 million members
54. Spiral: Prefix

OLD MEN

by Gilbert H. Ludwig

ACROSS

1. Draft org.
4. "Immediately!"
7. The back of the choir?
13. American falcon
15. Queen's home
16. Emotes
17. Beans or corn, e.g.
18. Harvestman
20. Astronaut Shepard
21. Postal creed word
22. "Thy word is ___ unto . . .": Psalms
25. Air quality tester: Abbr.
28. Joe and others?
30. Wrlter Wiesel
31. 1970 George Segal movie
36. Kind
37. Undergoes
38. ___ Group (Latin American association)
39. Chum
40. It might result in a change of title
41. Env. extra
42. 1964 Cary Grant comedy-romance
45. Daughter of Laban
47. Glasgow refusal
48. ___ de Cologne
49. Combustible woodpiles
51. Sign of success?
53. Prong
57. 1966 A. E. Hotchner memoir
61. Not basic
63. Really soak
64. First name in women's tennis
65. Poe poem
66. Young swan
67. Crew need
68. Cal. units

DOWN

1. Like some forces
2. Singer Payne
3. "My Roomy" storywriter
4. Frequent H_2O accompanier
5. English playwright Joe
6. Didn't function properly
7. Ancient Semitic idol
8. Sleep disturber
9. TV's "Living ___"
10. Town near the Golden Gate Bridge
11. Laundry room brand
12. Word part: Abbr.
13. Musical tail
14. Low island
19. Old name for the flu
23. Draws out, as humor
24. Orange ___
26. B'way showing
27. Hyphenate with American
29. Two-for-one?
31. Young lion
32. Dancer Carol of "The Pajama Game"
33. Landscaper's job
34. White, granular powder
35. Chlorophyta bit
43. Start of a toast
44. Lost interest in, in a way
46. Occasional parking requirement
50. Enliven
52. City on the Missouri
54. Johnny Cash's "___ the Line"
55. Big-time competition: Abbr.
56. Scrutinizes
58. Not enough room to swing ___
59. Ancient route
60. Heart
61. Cable network
62. Shy, but maybe not?

ACROSS

1. Stereotypical swing voter
11. Luck, to some
15. Delusions
16. Dirk of yore
17. They don't play the net in tennis
18. Lowers
19. Amour-propre
20. It may have a big head
21. Brandy letters
23. Curry or Rice
24. Composed
26. Piano pieces?
27. Doc bloc
28. Gather on the surface, chemically
30. Things for one to do
32. Mangel-wurzels
35. Long of "Boyz N the Hood"
36. Stirring
37. Relief, of a sort
38. Immigrant's course, briefly
39. Driver's warning
40. "GoodFellas" group
42. Lemieux milieu: Abbr.
43. Scrooge
44. Towhead
45. How many manuscripts are submitted
47. Propel a shell
48. Fictional clue-sniffer
50. Nels of "Little House on the Prairie"
54. Sounds of Brahma, Vishnu and Siva
55. Peace, in Russia
56. Husband and wife, e.g.
57. Sect leader?
58. Sorority letter
60. Rock band named after the villain in "Barbarella"
63. Bank holding
64. Affranchise
65. Professor 'iggins, to Eliza
66. Press release?

DOWN

1. Agrees
2. Model railroad track measure
3. TV newsman David
4. "Get it?"
5. Christmas and Easter
6. Fox Mulder's obsession
7. Philatelist's purchase
8. Got fed up
9. Interviewer's surprises
10. Affectionate, in slang
11. It was dropped in the 60's
12. "A Girl Like I" autobiographer
13. Hester Prynne portrayer, 1995
14. Slave's response
22. Mountain on the Gulf of Salonika
25. Doesn't do takeout
26. Deity whose name means "black"
29. Bridge opening
31. Some are out of it in January
32. Buffalo
33. Where Rommel was routed
34. "Where Angels Fear to Tread" novelist
41. Leading man?
43. Sweet, in a way
46. Sudden seizure?
49. Top of a platter
51. Musical heirloom
52. Magniloquize
53. Number in NASA-speak
56. Twain's celebrated jumping frog
59. Some
61. Hammer sound
62. News letters

by A. J. Santora

ACROSS

1. "Ciao"
5. Lock part
9. Shirt name
13. "No return"
14. More sound
15. Bibble
16. Singer Joan
17. Yankee Conference locale
18. "I will play the ___, and die in music": Emilia
19. State Department department
22. Drinking spot
23. Glazed fabric
24. Part of N.Y.C.
26. Assemble
28. Year in Claudius's rule
29. Red ___
30. Bit of insincerity
35. Come to
38. O.T. book
39. Don Jose, in "Carmen"
40. Item on a beach head?
43. Circulation increaser
44. Akkadian god of heaven
45. Tightfitting
47. Prefix with sphere
48. 1927 Peace Nobelist Ludwig
51. Famous Roosevelt
53. Printer's activity
56. Tucks away
57. Train track bar
58. Become unhinged
60. Daughter of Oceanus
61. Green shade
62. Curtain shade
63. "Boy, is it hot!"
64. Ancient meeting place
65. Smart

DOWN

1. Atlantic City casino, with "the"
2. Voyaging
3. One way to retaliate
4. Kansas motto word
5. On one's case
6. Soon
7. Where a president presides
8. Bio
9. Cry in a grade-B horror movie
10. Cry of delight
11. Some 60's museum exhibits
12. Hollows
14. Party
20. Pagan follower?
21. Vamp
24. Zinger
25. Liable to be called
27. Builder's sheet
31. James Hilton locale
32. Something drawn
33. Soft-soap
34. "Diane" composer Rapee
36. Woods sound, maybe
37. Language for 350 million
41. Bores
42. 100%
46. Grunts
48. Subdue
49. Pull strings?
50. Florida bird
52. City acquired by Prussia, 1802
53. Bring in
54. ___ Pinto (Texas county)
55. 1986 #1 hit for Starship
59. Place

28 SUITS ME!

by Patrick Jordan

ACROSS
1. Deep-six
6. "I Ain't Marching Anymore" singer
10. Exult (over)
14. Puppeteer Lewis
15. Versifier
16. Hearty companion
17. Golden Horde member
18. It begins "In the first year of Cyrus king of Persia . . ."
19. "O patria mia" singer
20. General description of a 26-, 46- or 53-Across
23. "___! Come back!" (1953 movie line)
25. Diner
26. See 20-Across
30. Come apart
31. Promo pro
32. "Have a good time!"
36. Like good burgundy
38. Trig ratios
40. Gilbert of "Roseanne"
41. Catalogue illustration
43. Carries
45. Sidekick
46. See 20-Across
49. Pitch tents
52. Le Quai des Tuileries adjoins it
53. See 20-Across
57. Dark forces
58. Promise, e.g.
59. Extreme
63. It may be due on a duplex
64. Part of CPU
65. Some athletic shoes
66. It precedes quatro, in Rio
67. Raspberry ___
68. Certain retirement plan

DOWN
1. 747 alternative
2. Part of a repeated dance movement
3. Deserter
4. 1994 Peace Nobelist
5. It might bite the hand that feeds it
6. Trade grp. since 9/14/60
7. Homey
8. What a drover drives
9. Rude one
10. Jumps on
11. More chips for the pot
12. Born earlier (than)
13. Pooped
21. Base negotiating amounts
22. Slip (into)
23. Irish county
24. Crossed one's fingers
26. Stuff
27. Farrier, e.g.
28. Tonkin delta city
29. "You're ___ talk!"
33. 40's foe
34. Spiel
35. Brown alternative
37. Bankers' woes
39. "Get"
42. Naive one
44. Explore caves
47. Little one
48. Actress Langtry
49. First president of the German republic, 1919
50. "When pigs fly!"
51. Queeg's minesweeper
54. Skeletal unit
55. Former Israeli P.M.
56. Street in New York's Chinatown
60. W.B.A. decision
61. Coffee order: Abbr.
62. Mountain ___

by Manny Nosowsky

ACROSS

1. A flat's equivalent
7. Fortune teller
13. Glacial matter
15. Violent struggles
16. Metalsmith's tool
18. Jazz lover's tag
19. Wrath
20. Herbal drink
22. Big heart?
23. Hawaiian goose
25. Enjoy
26. Distress signal
27. Perceive
29. Energetic, strong-willed type, supposedly
30. Introduction
31. Investigators sometimes follow them
34. Spawning ground of Atlantic eels
35. Challenges
36. Rental craft
37. Heavy-duty cleanser
38. Liszt piece
42. Elevation
43. Spanish playwright Calderon
45. Western Samoa's capital
46. Fiat model
47. Dreams of Daniel, e.g.
49. Third word in a limerick
50. Change the subject, perhaps
52. Kind of ears
54. Start of many Latin American place names
55. Glacier Garden city
56. Mason assistant
57. Cater basely

DOWN

1. Taunting
2. Bogeyman
3. Seat of Lewis and Clark County
4. Its first pres. was Samuel Gompers
5. Some corporal punishment
6. Court motions
7. Additional
8. Moon of Saturn
9. "Human Concretion" artist
10. Classic producer
11. Percolates, as water
12. Treasure
14. Leading court figures
17. Persevere
21. Snack item named after the inventor's 6-year-old daughter
24. Language of 350 million
26. Brief solo
28. Make sentence sense
30. Like yesterday's news
32. Golfing initials
33. California Rep. Dellums
34. Heliolater
35. Stadium disappointment
36. Hardly geniuses
39. Northbound, on most maps
40. One of the Lennon Sisters
41. A time to dye?
43. Wine grape
44. Early Ping-Pong score
47. Blackball, e.g.
48. Stray home
51. Before
53. Farm mother

30 FILL 'ER UP

by Gerald R. Ferguson

ACROSS

1. Gives everything away
6. Without a clue
15. Charge
16. Petty crook
17. Green card candidate, maybe
18. Whoppers
19. "Touch of Evil" director, 1958
21. Like some stock prices
22. Fish relish
24. Singer Sumac
25. Makes well-liked
28. Medicinal plant
33. Herbal do-all
34. Watkins Glen, e.g.
36. Portions
38. P-Q, maybe: Abbr.
39. Roto-Rooter alternative
40. Wildly exaggerated, as a performance
43. Little bills
44. Biblical short cut
45. Road menace
47. Time in the classifieds
49. One of the Muppets
50. Basketball forwards, e.g.
54. Give details
58. Bees do it: Var.
60. Bit of a waltz
61. Path adornments?
62. Philippine president Fidel
63. Fiascos
64. Celebrated Surrealist

DOWN

1. Ale or coffee
2. Sumptuousness
3. Dye-producing shrub
4. Crooners
5. Sociologist Shelby
6. Pretense
7. Part of a comparison
8. Book publisher John
9. Kind of calendar
10. Almost any mammal
11. Sharp rebuke
12. Poet ___ Wheeler Wilcox
13. Poet's contraction
14. Pepper and others
20. Brand
23. Want
25. Foreign exchange student, maybe
26. Great
27. Carlyle's kinfolk
29. International monetary unit
30. Stretch
31. Seven-time Emmy winner
32. Bus. bigwigs
33. Don Juan's emotion
35. Abscond
37. Some dye workers
41. Indigent
42. Lucre
46. Einstein, e.g.
48. Tape deck option
50. Singer of the screen
51. "___ Coming" (1969 hit)
52. Book of the Book of Mormon
53. Slangy noun suffix
55. Paint
56. Important vows
57. Love ___
58. Mail-order abbr.
59. Hook shape

31 BOTTOM'S UP

by Martin Ashwood-Smith

ACROSS

1. Historic introduction?
4. Clamorous
9. Gothic architectural feature
14. Grp. overseeing early reactors
15. Slowly
16. Auriculate
17. Start of an Erma Bombeck quip
19. "___ Honey Are You?" (Fats Waller hit)
20. Dey TV series
21. Kind of wheels
23. He's a real doll
24. Rapper?
26. Terrorize
28. Quip, part 2
32. Dieter's no-no
35. ___ operas (Gilbert and Sullivan works)
36. ___ Jima
37. Quip, part 3
40. First mate?
41. Rib-ticklers
44. Set straight
47. Quip, part 4
50. Actress Donohoe
51. Sticking point?
55. Ax
57. Crack or jack follower
58. Twilled fabric
59. Stomach
61. End of the quip
65. The merry widow in "The Merry Widow"
66. "Aha!"
67. London Zoo feature?

68. 'Mid
69. Trades
70. GQ staff, e.g.

DOWN

1. Barn items
2. Summation
3. Dangerous bacteria
4. Female member of the bar?
5. Churchill's "so few": Abbr.
6. Famous Bruin
7. Gone by
8. The Desert Fox
9. Baubles
10. Word to a doctor
11. Covered costs
12. ___-majesté

13. Paradise lost
18. Corday's victim, 1793
22. "___ luck?"
25. Astronauts' ade
26. Arrestee's rights, familiarly
27. Half a dance
29. Debussy subject
30. Gad about
31. Got a load of
32. Suva is its capital
33. Takes one's breath away
34. Longtime NBC Symphony conductor
38. Flight formation
39. Long spar
42. The piper's son

43. Rebukes sharply
45. Four o'clock services
46. Lawn tool
48. ___-Cat
49. Luggage necessities
52. Nibble
53. Encouraged, with "on"
54. Saxophonist's supply
55. Ones going through a stage?
56. Have ___ (flip out)
60. Fort ___, N.J.
62. Fiddle stick
63. LAX info
64. Kind of treatment

by Dean Niles

ACROSS

1. Some clauses
11. Pond dross
15. College in 1995 headlines
16. Account
17. Unconventional ideas
18. Kennedy Center focus
19. Fine and dandy, in old slang
20. On ___ with
21. French crowd?
22. Slobodan Milosevic, e.g.
24. Like the surface of Mars
27. John's "Pulp Fiction" co-star
28. Stockpiled
32. Chest muscle
33. What spirits may do
34. Total
36. Summer abroad
37. Axioms serving as starting points
41. What I may mean
42. "The Joy of Cooking" author
43. Mail abbr.
44. Simile center
45. Wound
48. Date for Dizzy
49. Spanish novelist who won a 1989 Nobel
51. 1980's police comedy
53. Language that gave us "kayak"
55. Polish export
59. Speck
60. Ampule's kin

61. Site of the Woodrow Wilson Sch. of Public and Intl. Affairs
64. Basic French verb
65. Preserved oral history, e.g.
66. Jazz drummer Catlett et al.
67. Exams

DOWN

1. Greek character?
2. Foreign currency
3. The rest
4. One with perfect pitch?
5. Foreign currency
6. Over
7. "There!"

8. Osmics is the study of these
9. Sergeant Preston's horse
10. Rocky, really
11. Antares, for one
12. "If I Loved You" musical
13. Eventual
14. E-mail
21. Computer experts, e.g.
23. They may be made in clubs
25. French city on the Moselle
26. Deliver
29. Take away
30. Horn in (on)
31. Standard

35. Canadian pol. party
37. Excuses
38. Q45, e.g.
39. 60's militant
40. ___-dieu
46. High, in a way
47. Midday event
50. They have low pH's
52. Harness features
54. Mer sights
56. "Get ___!" (boss's order)
57. 1988 film "Rent-___"
58. "___ joy keep you": Sandburg
61. Show of support
62. Herb of grace
63. Keep time

33 LETTER BOXES

by Bob Klahn

ACROSS
1. Glass house, of sorts
8. Spanish inns
15. A singing Jackson
16. Olympics venue
17. Tumbled
18. Wise guys?
19. Part of French Indochina
20. Berth of a baby?
21. Tennessee tributary
22. Singer Pinza
24. Clinches
25. Peace of mind
27. Starts right?
30. Zelda's heartthrob, in 60's TV
32. "The Lion King" hero
33. Org. that got Dillinger
36. "Toy Story," for one
39. Korean War fighter
40. Cape ___, westernmost point in Africa
41. Strapped
42. One at Roanoke, e.g.
44. Vulcan's Chimney
45. They may take turns for the wurst
48. Polish language
50. Triple-decker, perhaps
51. "Gypsy" star, 1989
54. Feed back
56. "The Plague" setting
57. Pacify

58. Carlo ___, creator of Pinocchio
59. Sour note
60. It'll keep you out of a scrape or two
61. Volunteers

DOWN
1. Prinsengracht Canal site
2. Subject of an Emil Ludwig biography
3. Dreams
4. "The In-Laws" co-star
5. Half of an 80's TV team
6. Wagner opera based on a 14th-century Italian patriot
7. Cracked
8. Hummus holder
9. Pulitzer contemporary
10. Is clobbered
11. General assemblies
12. Supreme leader?
13. Stained glass figure
14. Comic offerings
20. 1987 Rock and Roll Hall of Fame inductee
23. Pay telephone direction
26. Holt of old westerns
28. Moderated
29. Warriors' grp.
31. Act like an icicle?
33. It stops when it's depressed

34. Art and Chip Sansom comic, with "The"
35. Shredded
37. Lunar calendar holiday
38. Nice hot drink?
42. Sir Richard of The Tatler
43. Make waves
45. It may go through the roof
46. Bridge tower
47. Fireplace
49. Simple basket
52. Opera with elephants
53. Bet
55. Cleave
57. Fake it

by Brendan Emmett Quigley

ACROSS

1. Behind
4. Group overseeing Fed. property
7. Playboy Hugh, familiarly
10. Rooked
13. Working together, with "in"
15. One reason to do something crazy
17. Sharp
18. Plain
19. Ask peremptorily
20. Night temps, usually
22. Nintendo's The Legend of ___
23. "Are you game?"
25. Partner of Warner
26. Masters
28. "Dianetics" author ___ Hubbard
30. Math finale
33. Hotelier Helmsley
34. Prior to, old-style
35. Altdorf is its capital
36. Some relics
37. 1995 Robin Williams movie
38. Lightly cooked
39. Germanic negative
40. Bluegrass player
41. "L.A. Law" lawyer
42. "The Tonight Show" nickname
43. Former U.S. poet laureate ___ Dove
44. European shipping units
45. First name in stunts
47. Shoddy
49. It shows the way
51. Similar
52. Katharine's role in "Adam's Rib"

55. Wild
57. Intelligent
59. Trapped
60. Poseidon's prop
61. Atlas abbr.
62. Passing need?
63. Start to collapse
64. Popular music variety

DOWN

1. Boarding sch.
2. Come to grips with
3. Classic 1956 spy film
4. Chunk
5. Artificial legs
6. It may be secured with a pin
7. Monopolizes
8. Compass reading
9. Amateur newsletter
10. Popular light reading
11. Parched
12. Numerical prefix
14. Predestines
16. Consider
21. Big name in radio, once
24. Spring playoffs org.
25. Geometrical solids
26. Hardly strutted
27. Eagle's home
29. Color of a Baja sunset
31. "Sesame Street" regular
32. Big blockers
34. West End classic "Charley's ___"
37. Clink
38. Like magazine subscriptions
40. Buds are produced in this
41. "Now ___ theater near you!"
44. Lady abroad
46. It's shocking!
48. Handles
49. Reuniongoer
50. Awestruck
51. Toward water
53. Cellarlike
54. Canadian prov.
56. Figure out
58. Musician's booking

by Manny Nosowsky

ACROSS

1. Word after a loss
5. It goes with being snowbound
15. Cost of occupation
16. "Forest primeval" figure
17. Marriage site in John 2:1
18. Nickname of Emperor Frederick I
19. Short summary
21. "Mission: Impossible" actress
22. Jerk
23. Abandon
24. Art follower
25. Make jerky?
26. Unaware
28. Second-century anatomist
29. Time of one's life
30. Abstract sculptor Sir Anthony
31. Table, so to speak
32. Cheapskate
34. Oahu outsiders
37. A hole in the wall?
38. Way to go: Abbr.
41. Park alcove
42. Ticket dispenser
44. Safari camp
45. Highly complimentary
46. Main line
47. Govt. org., 1887–1996
48. "Crucifixion of St. Peter" painter Guido ___
49. Electrician's need
50. 1961 Paul Newman film

53. Richard of "A Summer Place"
54. Maiden lover "in a kingdom by the sea"
55. Art philanthropist Sir Henry
56. Petite
57. River crossing France's Nord department

DOWN

1. Santa Anita race track site
2. Like some lizards
3. One of TV's Mouseketeers
4. Calorie category
5. Philippine island or its seaport
6. Actress Gardner

7. Opera with the aria "Largo al factotum," with "The"
8. Behind, with "of"
9. Marsh of mystery
10. Fossil impression
11. "Evil Woman" rock grp.
12. Warsaw's river
13. Guarantees
14. Chemistry lab selection
20. King, maybe
24. "Rats!"
25. Lt.-Maj. go-between
27. Roast site
28. Blanket
31. Loaded (with)
32. Wild plum
33. Better than never?

34. Home for ecologists
35. Weaver of myth
36. Bluer than blue
38. Krypton, e.g.
39. Perform a chemical test
40. "Roots" Emmy winner, 1977
42. Symbol of authority
43. Half
45. Adjust the tailoring
48. Lip shade
49. Hares, to hounds
51. Liu Pang's dynasty
52. Velvet finish

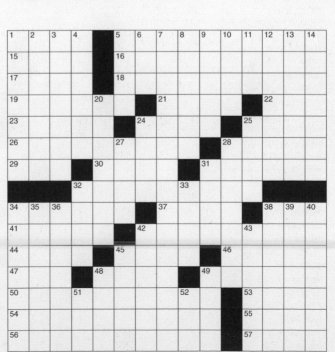

by Rich Norris

ACROSS

1. Tolerate
9. Food item introduced in 1968
15. Trifling
16. Some computer keys
17. Got to
18. Fairy tale heroine
19. Bygone theaters
20. Andrew Carnegie and Alexander Graham Bell, by birth
22. Chip maker
23. 50's Reds star, familiarly
24. Some time in Toledo
25. Words to remember
26. Let use
28. Uses a coaster, perhaps
30. Tournament match
31. Summerlike
33. Transfers, for a limited time, at law
35. Minimal measure
36. Kind of order
37. Handled easily, with "through"
41. Add more staff than
45. Split
46. Big name in little books
48. Crime-fighters, for short
49. Summer clock setting: Abbr.
50. Tank
51. Bolt, perhaps
52. Ballantine and others
54. Many churchgoers: Abbr.
56. Island named for a figure in Hindu myth
57. Unwelcome end, with "the"
59. Greek
61. Spread, as hay
62. Balance
63. Glimpse
64. Having furrows

DOWN

1. Vivacity
2. "That ___!"
3. Rendering
4. Dundee denials
5. Bad: Prefix
6. Bother
7. Detainee's privilege
8. Newly appointed
9. Catches
10. Sale abbr.
11. Snowballed
12. Columbo concerns
13. Beyond rad
14. "Perelandra" novelist
21. Thelma of "The Maltese Falcon," 1931
27. Like many tests
28. "The Crucible" setting
29. Transition
30. Spectacle
32. Relative of "i.e."
34. Tangle
37. Split
38. Mark for cancellation
39. Town on Lake Victoria
40. Battle, e.g.
41. Secretly
42. "Don't play with me!"
43. Net
44. Drew
47. Carpentry tools
53. Tarry in a tub
54. Jazzman Baker
55. Score line
56. Shannon's coach
58. 1974 abduction grp.
60. My ___

37 WE ARE FAMILY

by Matt Gaffney

ACROSS

1. Items often passed
6. 41st in a series
10. Release
14. Ruin a bow
15. Conductor Klemperer
16. Dessert ___
17. Big name in zoos
18. M.V.P. of Super Bowls I and II
20. Controversial baseball owner
22. Place to unwind
23. Time of one's life
24. Possessive Latin pronoun
25. The buck stops here
26. Singer Zadora
27. Swallow flat
29. "Am ___only one . . . ?"
31. Many an Olympic skiing gold medalist
32. Photo ___
34. Beats
37. Theme of this puzzle
39. Erstwhile warship
40. Part to grab hold of
41. Senator's claim
42. ___-a-porter (ready-to-wear)
44. 1972 U.S. Open finalist
48. Football Hall-of-Famer Hendricks
49. Australian runner
51. The Fighting Tigers, for short
53. Life
54. Broke bread
55. Best Actress of 1969
58. Malcolm-Jamal Warner co-star

60. ___ Banks, N.C.
61. Afghan leader before the Soviet invasion
62. Russo of "Outbreak"
63. Sporty Pontiac
64. Chap
65. July 15, e.g.
66. Bad lighting?

DOWN

1. Underground Railroad leader
2. Tick off
3. Reserves
4. Bell sound
5. Sides in a classic battle
6. Rancher's threat
7. Canyonlands locale
8. Approached boldly, with "to"
9. Too ___ handle
10. Ambulance asst.
11. Empanadas
12. Devastated
13. Muslim wear
19. Part of many town names in Quebec
21. Geneve's country
28. In French it's frapper
30. Semilegendary Greek poet
31. Big name in workouts
33. A shot
35. Word from Tswana
36. Head of a syndicate
37. Gets rid of, as an old car
38. Questioned

39. When you can start to drive
41. Hogan's domain
43. Aristocracies
45. Treats maliciously
46. Straight
47. "Sleepless in Seattle" writer-director
49. Massachusetts Ave. bldg., in D.C.
50. Language of New Zealand
52. The States
56. Subject of passing concern?
57. Pioneering conservationist
59. Colony member

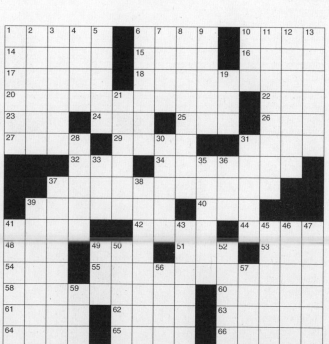

TAX-ING COLLECTION

by Bob Klahn

ACROSS
1. Turpentine source
10. Splotches
15. Kept the lid on
16. Fashionably nostalgic
17. Popular comedienne
18. "Sweet" stream, to Burns
19. A White House scandal
21. Shepherd
22. Steno's need
23. It's a draw for astronauts
25. Pioneer bathyspherist
29. Natural
32. Psychiatrist who coined the term "inferiority complex"
33. Water tester
34. "Mail Order Bride" co-star, 1964
38. Hezbollah stronghold ___ Valley
39. Uncertainties
40. Mrs. Yeltsin
41. Quite a nose
42. Grass variety
43. A hundred smackers
44. Tees and ells
46. "Siddhartha" writer
47. Art and history, e.g.
50. Keebler character
52. Teen ___
53. Upbraided in no uncertain terms
60. Rudimentary thermos inventor
62. Renowned exile
63. Jane Curtin role
64. Small carriage

65. Final word
66. Hoax

DOWN
1. Go "shooby-doo," or just "shoo"
2. Unparalleled
3. "Finnegans Wake" wife
4. Put one's foot down
5. One playing on a band?
6. Michelangelo masterwork
7. Then
8. Octavia's husband
9. Cheesy town
10. Hidden means of support?
11. Unable to go home

12. Relative of a ferret
13. It may be broken on a ranch
14. High-altitude probe
20. Maniacal leader
24. Chips, to Mr. Chips
25. Another name for Barb
26. Fall setting
27. Pony express stop
28. Dry wine
30. Like some yogurt
31. It's #1
35. Tests the water?
36. Man's name meaning "mortal"
37. ___ the Great (juvenile detective)

45. Language suffix
47. Touchy fellow?
48. "A Passage to India" woman
49. Like a bloodhound
51. Letter paper?
54. Baseball's Blue Moon
55. She played "Diane," 1956
56. Oomph
57. Take out
58. City on the Skunk
59. Causing a pucker
61. Hudson contemporary

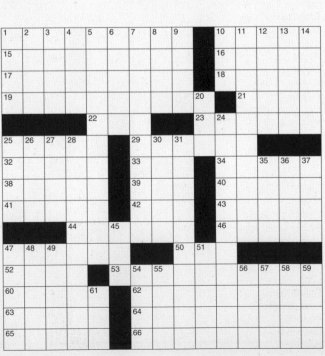

39 RUNNING THE GAMUT

by Richard Silvestri

ACROSS
1. Emergency treatment
9. Products of planning
14. Kind of correspondence
15. Authors
16. Key locale?
17. City on Lake Michigan
18. Dance lesson
19. Maxwell Perkins, for a famous example
20. Horn sound
23. Watch mechanism
24. Southeastern salamander
25. Empty
27. "Damn Yankees" composer
28. Montana tribe
29. Vegas opening
32. Not so fine
34. Clear
37. Asian honorific
38. Suburban sight
40. Milk: Prefix
41. Algae eater
43. Trust
44. It might make your hair stand on end
47. Scornful sound
49. Scout's discovery, maybe
50. Wind indicator
51. Flattened at the poles
52. Important prefix
57. Dark, on Broadway
58. New partner
59. Attuned
60. Definitive statement

DOWN
1. Backing
2. Concert finale
3. "The One I Love" group
4. Indy 500 letters
5. They speak and drink
6. Of a blood line
7. Lay low?
8. Give up
9. Spiritless
10. Stir up
11. Cuff
12. Part of a joint
13. Comic strip canine
15. Early
20. Home style
21. Name in 50's politics
22. Poetic adverb
24. Brolly alternatives
26. Common thing?
28. Callaloo ingredient
29. "The Gauntlet" actress, 1977
30. Ford or Hudson
31. Excoriate
33. Kind of official
35. Magic
36. Like young Abe Lincoln
39. Christmas drink
41. Military command
42. Made cents
43. They have pull
44. Standard
45. Put on ice
46. Solder, e.g.
48. Marilyn, originally
53. Bully
54. Ab ___ (from the beginning)
55. Article written by Freud
56. Roush of baseball fame

by Wayne Robert Williams

ACROSS
1. Bryn ___ College
5. Quick drinks
10. Grouch
14. Prefix with -graph
15. It's the Law
16. ___ Bay, Hawaii
17. Back to the start
19. Porch raiders
20. Attacked
21. Breaking out, maybe
23. Group with the 1983 #1 hit "Africa"
25. Sharecrop
26. Sharpen
29. Abbr. in some military names
32. Highways
35. Aerial maneuver
38. Sucker
39. Grounded birds
40. Hebrew leader
41. Spaniard's other
42. Place to winter
43. Some chart analysts
45. Have one's back against the wall?
47. W.W. II arena: Abbr.
48. Indonesian island
49. Like vino tinto
51. Digestive juice
53. Heavy fabrics
57. Whip
61. 1988 country album
62. Center of power
64. Military group
65. Take pleasure (in)
66. Muffs
67. Vocal inflection
68. Oodles
69. Keeps company with

DOWN
1. Tick off
2. Musical direction
3. Bucket locale
4. Some desks
5. Work period
6. Vert.'s opp.
7. 1977 movie thriller with Bo Derek
8. Ready to be mowed, as grass
9. Storage space
10. Mexican cowboy
11. Circus figure
12. High: Prefix
13. Pear variety
18. Take over, in a way
22. The marshal in "Frontier Marshal"
24. "Otherwise . . ."
26. Popular Christmas gifts
27. "My Cousin Vinny" Oscar winner
28. Tournament type
30. Choice
31. C.E.O., e.g.
33. Asia's Amu ___ River
34. Tic
36. Osaka O.K.
37. "Ah, I see!"
41. Some colorful abstract paintings
43. ___ vu
44. Musical staff sign
46. Sniff out
50. They may be sniffed
52. The Fab Four, e.g.
53. Very dry
54. Vegas rival
55. Daredevil Knievel
56. Computer command
58. Republic since 1948
59. One to grow on?
60. "A Pure Woman" of an 1891 novel
63. Actor Ayres

by Martin Ashwood-Smith

ACROSS

1. Hot stuff
8. U.S.N.A. rank
11. Ice, so to speak
14. Spark
15. Magazine
17. Visible
18. On the nasty side
19. Big brute
20. Soak
21. Discharged
22. Hogwash
24. Help wanted advertisement?
26. Fabled "Arabian Nights" creature
27. Rocket scientist Wernher ___ Braun
29. School tie?
31. Where the Storting meets
35. Descriptive words of honor
40. It can take your breath away
41. Screamers
42. "___-daisy!"
43. One billion years, in geology
44. H.S. class
45. "___ were you . . ."
47. Gained a lap
50. Taunt
53. Sty
57. Kind of part
59. Some fraternity men
60. Christmas crackler
61. Cliffside dwellers
63. Poker ploy
64. Italy's Gulf of ___
65. Hydrocarbon suffix
66. Grp. in old spy novels
67. 90's catch phrase

DOWN

1. Flip side?
2. Cancel
3. Has trouble running
4. Brest friend
5. Brings up the rear
6. Moral element in literature
7. Words
8. Beat severely
9. Robotic: Var.
10. Medical prefix
11. "Get ___!"
12. Physiognomy
13. Skedaddled
16. Secreting securely
23. Chopin pieces
25. Ill humors
28. Local theater, slangily
30. Biological classes
32. Scrooge's attribute
33. ___-majeste
34. "___ of Solomon"
35. Popular cologne
36. Lot
37. Trunk items
38. Kind of chamber
39. Agatha contemporary
46. Big book
48. Looks out for, maybe
49. Part of the crown jewels
51. Isolated hill
52. Elizabeth's love
53. Bronte heroine
54. Beijing coin
55. Old news commentator ___ Abel
56. Things to sit on
58. Appropriate cry for Crusoe?
62. "School Daze" director

42 TRIVIA PURSUIT

by Robert H. Wolfe

ACROSS

1. Detention sites
8. Banter
15. Spanish beans
16. Post, e.g.
17. Super Bowl XV champs
18. Words before attention or arms
19. Banks of Chicago
20. Dairy
21. Words of explanation in spelling
22. Certain students' wear
24. [all of a sudden!]
25. Roseanne's TV hubby
26. First president of the German republic, 1919
27. English poet Nicholas
29. Sauna
31. Thus far
32. Naval inits.
33. Charlton's 1956 co-star
34. Longtime Olympics sportscaster
37. Made way (for)
43. Black-and-white set
44. Deserted
45. Long ___
46. Midmost: Abbr.
47. Gobs
48. Foot of a food chain
49. Attacks
52. Abscind
53. Untenably positioned
54. Without money changing hands
56. Dubs over
57. Brutus, e.g.
58. Catch
59. Relatives of 10-Down

DOWN

1. Bookies' concerns
2. Claws
3. Brainless
4. Warmly welcomed, as a guest
5. To ___ (how a golfer wants to perform?)
6. House ext.
7. Object of S.D.S. protest
8. Reddish-orange
9. Some windows
10. Worm product
11. Kennedy item
12. Birth announcement
13. Well-done
14. Eyelet
20. Mad magazine cartoonist Drucker
22. Falls off
23. This is popular in spots
26. Daytime ___
27. Sitcom set in Tuckahoe, N.Y.
28. Where marathoner Grete Waitz was born
30. Words teachers like to hear
33. Thirsts
34. "The Virginian" actor
35. Devalue
36. Richard Leakey and others
37. Bluish-gray cat
38. Cooking staple
39. Word
40. Having flow controls
41. Pushed
42. Leo and others
47. Insinuative remark
48. Lookout point
50. Cartoonist Drake
51. Actress Seigel of "Fernwood 2-Night"
52. "Now!"
54. W. C. Fields film "___ a Gift"
55. Important 1930's inits.

43 THAT IS THE QUESTION

by Randall J. Hartman

ACROSS

1. "Buffalo ___" (1844 song)
5. Speleologist
10. Guinea pigs, maybe
14. Tissue additive
15. Departure
16. Departure
17. Puccini soprano
18. Father of William the Conqueror
19. Anna Leonowens, e.g., in "The King and I"
20. They make wakeup calls
22. "Memphis ___" (1990 war film)
23. Drench, in a way
24. Hurt
26. Stocks and such
29. Tries
30. Whiskered animal
31. Stuck, after "in"
32. "The lie that enables us to realize the truth": Picasso
35. Shakespeare classic
39. Hurricane heading: Abbr.
40. Petrol unit
41. Kennedy's Secretary of State
42. Jibe
43. Calm
45. Severe critic
48. Star witnesses?
49. Actress Barkin
50. Parting word
54. Whim
55. Cast
57. Casa material
58. Mount whose name means "I burn"
59. Jackson and Jefferson, e.g.
60. "Mona ___"
61. Spots
62. ___ Rose
63. Pipe piece

DOWN

1. Gainesville athlete
2. "Not to mention . . ."
3. Wacky
4. Scallop, for one
5. Special touch
6. Cherish
7. They may be picked up
8. Poetic adverb
9. Sticking point
10. Hollywood producer Jon
11. Rejoice
12. King, for instance
13. Kept on the hard drive
21. Kindergartener
22. Genesis city
24. Wrap
25. Where Timbuktu is
26. Former Davis Cup captain
27. Writer O'Faolain
28. The very ___
29. Beach
31. It has many narrow rays
32. A pastel
33. Deteriorate
34. Kindergartener
36. Former Laker great Baylor
37. Cross-ply, e.g.
38. You can count on them
42. Circus sites
43. States as fact
44. I
45. Indicates
46. Blue bloods
47. Replicate
48. Best Picture of 1955
50. Chimney-top nester
51. Mine entrance
52. Rocketed
53. Nautical direction
55. Nautical direction
56. Bird sound

44 PUZZLER'S DELIGHT

by Harvey Estes

ACROSS

1. Part of Caesar's boast
5. Radio type
9. Art able to
14. Back
16. Duck
17. Resettle
18. Classic Vegas casino
19. Gets hot?
20. Really fancy
22. "Sometimes a Great Notion" author
24. Bugs
25. 12-time baseball All-Star, 1976–88
27. It's parallel to the radius
29. Part of a long-distance company's 800 number
31. Nobility
32. Music genre
33. Unbuttered
34. Shooters
35. British servicewomen
36. 10,080 minutes
37. "Chances ___"
38. Queensland native
39. Lowest par
40. Reagan prog.
41. Conclusion starter
42. Helmet plume
43. Fearsome fellows
45. Complain
47. Complains
49. 2, to ½
53. Ouzo flavoring
54. Behind closed doors
56. Order members
57. Lubricating device
58. Midlife crisis symptom
59. Like a Friday crossword
60. Tiny type size

DOWN

1. Medical suffix
2. Certain
3. "Don't look ___!"
4. Narrow margins
5. Pick up
6. Gettysburg general
7. Skim milk extract
8. Vocal nag
9. Plants yielding senna
10. Profit
11. Bibliophobes
12. It's off the main drag
13. N.F.L. scores
15. Marsh birds
21. Sea birds
23. Christmas tradition
25. Strong-arm
26. Checking a fisherman's claim
28. 50's–70's Soviet spacecraft series
30. Kid
31. They have open houses
32. Talk big
35. What things could always be
36. At a time of one's choosing
38. Most gung-ho
39. Commander of the Alamo
42. "Nostromo" author
44. Thieves may take these
46. More mellow
48. Suspire
50. Brand that offers "Chunky" style
51. Check mate
52. Start of a count
53. Professional org. since 1847
55. Grp. on the range?

45 VARIETY SHOW

by Richard Hughes

ACROSS

1. For fun
8. Stinker
15. Time trials winner at Indy
16. Chinese, e.g.
17. Where Tony Bennett hails from
18. Largest seaport on the Adriatic
19. Literary ___
20. Soupcon
22. Drag one's feet
23. ". . . is sad and dreary ev'rywhere ___": Stephen Foster
25. Parts of handwriting
27. Take shape
28. Indonesian money
29. Brag sheet
31. Round number
32. Moors
34. It's at the top of some columns
36. Handles for a client company
38. Scrape
39. 1944 Sartre play
41. Opposed
45. Stick
46. Thiss and thaat
49. ___-Locka, Fla.
50. Put away
51. Make ___ in (begin)
52. Gets licked
54. Suffuse
56. Zsa Zsa's real first name
58. Hide
59. Smith and Jones, often
61. Authorize
63. Porous iron ore
64. Less plentiful
65. Steams
66. Duds

DOWN

1. Somewhat iridescent
2. "Far from it"
3. City near the Horseshoe Curve
4. Harry's wife
5. Height: Prefix
6. All bets are off after this
7. South African villages
8. Caribbean getaway
9. Bowman's need
10. Words after "You must remember this"
11. Brand of depilatory
12. Therapeutic index data
13. Army provisioners of old
14. Opera set in Cyprus
21. 5-centime piece
24. 1946 Bowery Boys movie
26. Eat like a bird
30. Spotted
31. Belt
33. Corner
35. Competing
37. Played up
39. Merchant of music
40. Past
42. Famous town on the Nile
43. Relieved
44. Some strong winds
45. Intrigues
47. Retrovirus material
48. Still
51. Norse pantheon
53. Hazard a guess
55. "The Captain and the Kids" kid
57. Narrow margin
60. Somme time
62. Pitch

46 WILL IT FLY?

by Trip Payne

ACROSS

1. "Blue Sky" Oscar winner
6. Derbies
10. Washstand item
14. Emblazon
15. Gillette product
16. Inner vision
17. Lose it
18. Moistened clay
19. Worry
20. Start of a quip
23. It's frequently 72
24. Eastern European
25. Speaker of the quip
30. "Daniel Boone" actor
34. Vichy water
35. Long-necked lute
37. Play for time
38. Tenor in "The Flying Dutchman"
40. Brazilian seaport
42. I-79's northern terminus
43. Rx items
45. Manila's island
47. Revolutionary nickname
48. Go forth
50. Part 2 of the quip
52. "Camelot" actor Franco
54. Jack of "Barney Miller"
55. End of the quip
61. Prefix with distant
62. Tennis star Novotna
63. "___ Grows in Brooklyn"
65. History, according to Ford
66. Shortly
67. Loose-fitting dresses
68. Cornerstone
69. Cleo's lane
70. Car bomb?

DOWN

1. Trail
2. Hurly-burlies
3. Bosox pitcher Hideo
4. Nana's husband
5. Makes beloved
6. 50 percent
7. Physicist's concern
8. Parts of airplane seats
9. Taste
10. Mine
11. "King Kong" star
12. What otoscopes examine
13. Manhattan ingredient
21. Sen. Hatch
22. Fellas
25. Off-road vehicles
26. Actress Wilson
27. Put up
28. Underlining equiv.
29. Consume
31. First name in exploration
32. Donor Yale
33. Winter forecast
36. Flatten
39. Solitaire game
41. "___ luck!"
44. Petitions
46. Newborn
49. Hector was one
51. Searched for truffles, maybe
53. Muscat native
55. Greenish-blue
56. Cloistresses
57. Chemical compound
58. Glazier's item
59. Coffee brewers
60. French bean?
61. Abate
64. Immigrant's course: Abbr.

MOTLEY STEW

by Gerald R. Ferguson

ACROSS

1. Taps
10. With 15-Across, linguini topping
14. Connecting flight?
15. See 10-Across
16. Questioned, in a way
17. Kin of hyper-
18. Could tell
19. Milk
20. Charge
23. Old World evergreens
25. Bottom
26. Like loggers' boots
31. River at Rennes
32. Just above normal, in a sense
33. "Hold On Tight" group
34. Wolf's give-away in "Little Red Riding Hood"
35. Good name for a cook?
36. It's north of Liverpool
38. Auditory
39. Launders, in a way
40. Title for Marquette
41. Picnic hamperer
42. Tied up
44. Venomous snake
47. Compulsive
50. Western based on a Louis L'Amour story
51. Tears
55. Mayflower Compact signer
56. Summaries
57. Immediate
58. Occidental tourist?

DOWN

1. Trip instigator
2. Mineral suffix
3. Run up the phone bill
4. Bewhiskered
5. Essays
6. Clip component
7. Galoots
8. Certain plaintiff, at law
9. Toys since 1902
10. Touches base, so to speak
11. Fretted instrument
12. Israeli seaport
13. Drink for Robin Hood
15. Tubes
20. Off course
21. Place for an unwanted ring?
22. Artist's place, perhaps
24. Between: Fr.
26. Everywhere
27. This comes before a million
28. "Hey!"
29. Undivided
30. Mild expletive
32. Some Asian-Americans
34. Largest lake in central Europe
37. Much-covered R.&B. song
38. Kind of market
42. Turn outward
43. Dash
44. Tribal chief
45. Cameo, maybe
46. Lick ___ promise
48. Wild party
49. Clinches
52. Royal flush necessity
53. Kind of neck
54. Former Union member: Abbr.

ACROSS

1. Cartoonist with regular "Advice fo' Chillun"
5. County of Redwood City, Calif.
13. Pueblo jar
14. Small spatulas
15. Catafalque
16. Home-study vehicle
17. Familiarize again
19. Propaganda, often
20. Chip in, in a way
21. Someone celebrated
23. Painter and teacher of Botticelli
25. Shoe named for an antelope
29. Hotspur's slayer
32. They're in control of their faculties
34. Tot's vehicle
35. Norse mariner
37. King who ran for President, 1816
39. Long ago
40. Fish prepared in strips
42. Walks like Claudius
44. Dupe
45. Gumshoe
47. "WarGames" org.
49. Loren's husband
51. Site of Lake Kyoga
55. Rapacious seabird
58. Independent
60. Elated reaction
62. This is sometimes shocking
63. Repetitious
64. Relative of 55-Across

65. Missile's payload container
66. Instrumental piece

DOWN

1. King ___
2. Weekly World News cover photo, maybe
3. Fold
4. Kind of post
5. "To boldly go where no man has gone before," e.g.
6. "There ___ atheists . . ."
7. What honey-eaters eat
8. Kind of jacket
9. Subject of the Seventh Commandment

10. Austin of "Knots Landing"
11. Hebrides language
12. Suffix for abnormalities
14. Start for cow, horse, lion, dog or wolf
16. "Dream On" protagonist
18. Pounds
22. Lay
24. Catherine the Great's successor
26. Who's Who entries
27. Plant also called lady's-finger
28. Subsistence
29. Spandau's last prisoner
30. Mischievous
31. Trevi toss-in

33. Ceremonial sport
36. Tonto, to the Lone Ranger
38. Out, in a way
41. Tonto and the Lone Ranger
43. Palm starch
46. Stop daydreaming
48. Butterfly valve, e.g.
50. First capital of unified Italy
52. Bete's couleur
53. "Addicted to Love" director
54. Put it to
55. Ankle-knee connector
56. Inspector Clouseau's valet
57. French articles
59. Together
61. Fluid container

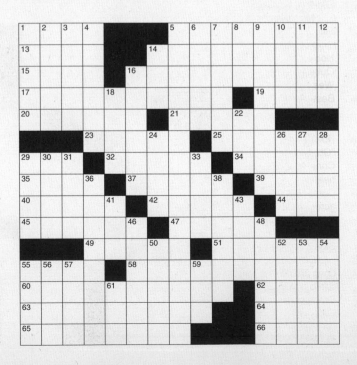

49 THE CHATTANOOGA CHOO CHOO

by Mark Diehl

ACROSS

1. Memorable lines
5. ___ de mer
8. Whoop
13. Sports org. based in Boulder, Colo.
14. Rock singer Carmen
16. City on the Swan river
17. "Whoops!"
18. Succotash ingredient
19. Dentist's prefix
20. Org. with a secretary general
21. Jellystone Park denizen
23. Lively dances
25. Popular middle name
26. Econ. stat
27. Taps producer
29. Old-time actress ___ May Oliver
31. Fill
32. Brief outline
34. Nobleman
36. Quite limber
41. Wee hour
42. Best-selling picture book of the 70's
43. "Excuse me"
46. "Oh, bother!"
48. Cone-shaped heaters
49. Computer acronym
50. Cardinal insignia
51. Bar offering
53. Sign of affection
56. ___ Office
59. Long Island town, site of the Brookhaven Laboratory
60. Dickens's Mr. Pecksniff
61. Mrs. Charles Chaplin
62. Actress Verdugo
63. Return mailer: Abbr.
64. Yorick's skull, for one
65. Prank starter
66. ___ Royal Majesty
67. Thrill

DOWN

1. Physics particle
2. Dept. of Labor division
3. Aim, e.g.
4. Test site
5. Toast at mealtime
6. Melodic
7. It can move a star
8. It can create a stir
9. Rosemary, for one
10. Loser to Chamorro in 1990
11. World leader, 1961–71
12. Football Hall-of-Famer Jim
15. Poolside sights
22. Painting the town red
24. Scout's work
27. Pastoral sound
28. Periods of mania
30. Pulitzer category
31. Vie against Shaq
33. Familiar with
35. Infamous 1972 hurricane
37. Like some seals
38. Not a picky eater
39. ___ green
40. Twisted path
43. Contended
44. Big buildup
45. Ham
47. Pesky fly
50. Item on a sub
52. Program offerer
54. Last word before the gavel hits
55. "___, right"
57. Shortly
58. Columbo's employer, for short

50 STACKED AGAINST

by Martin Ashwood-Smith and Bob Klahn

ACROSS

1. Posts in the Hearst empire
16. Bailed out
17. Bark, generally
18. Gene Autry's "___ Faithful"
19. Wailuku welcome
20. Nobelist Morrison
21. "Woodstock" songwriter Mitchell
23. Voltmeter meas.
25. Mandela's land: Abbr.
26. Fighting bird
30. Memnon's mother, in Homer
32. Dispatch boat
33. One way to resign
38. Preseason staple
39. Animals: Suffix
40. Hamlet's relatives
41. A piece of one's mind?
43. More or less vertical
44. With 4-Down, perfectly
45. Digs
47. First name in horror
50. A.A.A. recommendation
52. Congregate
53. Compass
55. "Roustabout" star
57. "The Simpsons" storekeeper
60. They're debatable
64. International understanding
65. Snaps

DOWN

1. Prefix with -therm
2. "Kiss, Kiss" author
3. Hungarian poet Madach
4. See 44-Across
5. Suffix with Capri
6. Cheese made from ewe's milk
7. Underscore
8. "Now I see!"
9. Oblivion
10. Service piece
11. "___ make a lovely corpse": Dickens
12. Kind of D.A.
13. It ran in Ares' arteries
14. Wreckage
15. Print tint
21. Follower of Ignatius Loyola
22. Bunker player
24. "Live at Five" clip
26. Habit
27. Say for sure
28. Red giant in the constellation Cetus
29. Mound
31. "Enough!"
34. Trigger and others
35. Gershwin biographer David
36. Hitch or glitch
37. Priggish pronouncements
42. Pamper
46. Ditch
47. Record company
48. Maine college town
49. "Dagnabbit!"
51. Columnist Goodman
54. Chick's tail?
56. Number two
57. Chop-chop
58. 1958 World Cup sensation
59. Mouse manipulator
61. No one has two of them
62. Do, re, mi
63. Object

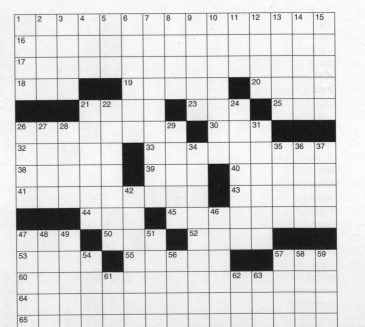

51 TIC TAC TOE

by Raymond Hamel

ACROSS
1. ___ boy
6. Early writer on algebra
10. Gait
14. "Gabriela, Clove and Cinnamon" author
15. Kind of beach
16. Tennis star Mandlikova
17. Sports
18. George Sand's "___ et lui"
19. Maui strummers
20. Curiosity
23. Kind of treat
24. Mountain dweller
25. Prefix with -cide
26. Low shoe with a lace
27. Halloween prankster's supply
29. Corporate giant based in Irving, Tex.
31. Regarding
33. Akershus Castle site
35. VCR button
36. Does a legal no-no
41. Justice Dept. grp.
42. Big cheese
43. Symphony, e.g.
44. Lit, so to speak
46. Jam
48. It can move mountains
49. Roadie's responsibility
50. Overture follower
53. Ora pro ___
55. Words before "though some have called thee / Mighty and dreadful"
59. Mentor
60. Bandleader Fields
61. Site of ancient Smyrna
62. Suffix with lay
63. Subject, in Spain
64. "The Untouchables" villain
65. Actors Alejandro and Fernando
66. Some cutlet cuts
67. Misleading interpretation

DOWN
1. When repeated, a Hawaiian fish
2. Trout ___
3. Mystery meet?
4. Break point
5. Seattle squad, for short
6. "You're the ___ Care For" (1930 song)
7. Weekend hot spot
8. Robin Williams comment, maybe
9. One of the Canterbury pilgrims
10. Forgo
11. Find fault with
12. Composer Georges
13. Relay
21. "Fiddlesticks!"
22. Put forth
26. Up to, informally
28. Tennis champ who played for U.C.L.A.
30. Prefix with phobia
32. Fulda feeder
34. One making markers
37. "Open up!"
38. It is countered with "You must!"
39. Warm weather gear
40. A fast one
44. University of Wisconsin athlete
45. Popular uprising
47. Depressed
51. "I Love Lucy" venue
52. Tickle response
54. Tumult
56. Calendar abbr.
57. Shade of blue
58. Performance site

52 O.K. CORRAL

by David J. Kahn

ACROSS

1. Whey-faced
4. Popular snack
10. Durable transports, for short
14. Proposal defeated in 1982
15. How some coffee is served
16. Administer
17. O.K.
19. ___ cava
20. Outcasts
21. Indiana : Hoosier :: Nevada : ___
23. Inca fortunes
24. Kyrgyz city
26. Most basic
27. 61-Across, for example
28. They may be seeded
30. More than tubby
31. Automatic start
33. ___ East
35. 1989 Jack Lemmon film
36. Epitome of sharpness
39. Prone
42. Swear by, with "on"
43. Dump
45. Monomaniac, informally
47. McCurry, to Clinton
49. 5-Down, for example
52. Office staple
54. London theater Old ___
55. N.B.A.'s Nick Van ___
56. Put up
58. Shock
60. British title
61. O.K.
63. List ender
64. Take ___ of absence
65. Schoolboy
66. Forswear
67. Enthusiastic response
68. Mag. staff

DOWN

1. Club, say
2. Citation's jockey
3. Pearly: Var.
4. Sonoma neighbor
5. O.K.
6. Stylish
7. Book before Zephaniah: Abbr.
8. Works at the Met
9. Word with iron or bath
10. 46-Down, for example
11. Tittered
12. Dustin's "Agatha" co-star
13. Like propaganda
18. Disney head
22. Soyuz 6 cosmonaut Shonin
25. Shakespearean play in two parts
29. "Comprende?"
32. Superstore
34. 17-Across, for example
37. Suffix with pay
38. Little wrigglers
39. Assumed, with "to"
40. Apportion
41. Surveyor's assistant
44. Cotton or wool
46. O.K.
48. Unnerve
50. Fill up again, in a way
51. Merges
53. Indemnify
57. Red-pencil
59. "___ Death" (Greig work)
62. Point, in law

ACROSS

1. Comes to pass
5. Sugar or starch, in slang
9. Present time
13. Tracy Marrow, familiarly
14. Apartment next to the super's, maybe
15. Sponge
16. Bumble Bee, e.g.
17. Whence the phrase "to give the devil his due"
19. Not moving
21. Sawer of logs
22. Author with a book subtitled "The Saga of an American Family"
23. Dinner wear
24. Imposes without invitation
28. ___ Z (everything)
29. "You can't mean me!?"
30. Word of the Prophet
32. Retreat
35. Preceding periods
37. W.W. II enlistee
39. Refrigerator bar?
41. Many A.B.A. members
43. His last work was "Pocketful of Miracles," 1961
45. Get up and it's gone
46. Kind of delivery
48. Token
50. Succeeded
53. Like Cheerios
54. "Yoo-hoo!"
55. Maternity surprise
58. Birds Eye offering
60. Plaster base
61. Stores
62. A person might earn one for a score
63. Christiania, today
64. Kind of dog
65. Fire
66. Break down

DOWN

1. Has real relevance
2. Slightly better than
3. Football coach's nightmare
4. Play maker
5. End piece
6. Betimes, updated
7. Torn
8. July 4th event, briefly
9. Letter signoff
10. Sculptor Henry
11. Didn't wait
12. Former N.H.L. coach Fred
15. Advertising unit
18. Singles' grp.?
20. Curly cue?
25. Utter failure, in slang
26. Davis of baseball
27. Exerciser of spin control?
31. "Don't think so"
33. Uncomfortable
34. Whistler
36. Tight
38. Middle of a famous palindrome
40. Nonunion workplace
42. Churchill Downs features
44. Per
47. Submachine gun
49. Jaundiced
50. Winter wear
51. Four before a slash
52. Wild Asian dog
55. Bibliophile's purchase
56. Tevere's city
57. Romantic interlude
59. Cousin of a tarboosh

ACROSS

1. Path, to Pu Yi
4. Comme ca
8. Immure
14. Prepared introduction?
15. Comme ci, comme ca
16. 1987 Kim Basinger film
17. Antiquity
18. Asian border river
19. Marsh denizens
20. "Shiny Happy People" band
21. Stern
22. Shortens
23. Boosted items
25. Elizabeth Seaman's pen name
26. Designer of Massachusetts' state symbol
27. Naysayer
29. Where to see shooting stars
31. Gone
33. Flip side of 7-Down
38. Escort service?
40. Rampant
46. Start of two Henry Miller titles
48. Heavy silk fabric
49. Pathet ___ (Asian party)
51. Stellar phenomenon
52. Covets
53. Division of Labor, briefly
55. Guff
56. Dingers, in sports lingo
57. Chulalongkorn's land
58. Pike ___
59. Tennyson maid
60. Lingering effect
61. Mined-over matter
62. French city where Dreyfus was retried
63. Retreats
64. Basketball Hall-of-Famer Holman

DOWN

1. Stacked
2. Lacking conviction
3. Blue bloods, so to speak
4. Alexis, e.g.
5. Bathtub suds?
6. Regular
7. Flip side of 33-Across
8. Derisive reactions
9. Young raptor
10. Main slot for disks
11. Songs
12. Resident
13. Promontories
24. A.F.C. passing leader, 1980
28. Two time U.S. Open winner
30. Author Phillpotts
32. Gene's "Young Frankenstein" co-star
34. A discoverer of nuclear fission
35. It's normal for 28-Down
36. Capital subj.
37. Continental system proponent
39. Nice location
40. "Relativity" artist
41. Pen release mechanism?
42. Bo Diddley hit remade by the Yardbirds
43. "Mangia!"
44. Nev'r-ending
45. Pickles
47. Pill variety
50. "Cold ___" (Foreigner hit)
54. Book after Joel

55 POSE A THREAT?

by Martin Ashwood-Smith

ACROSS

1. Road runners?
5. Make a move
8. Pastime
14. Plaudits, of a sort
15. "___ any drop to drink": Coleridge
16. Went easy on
17. Start of a quote
19. Snapper
20. Four, on the phone
21. Quote, part 2
23. ___ al-Khaimah (one of the United Arab Emirates)
24. Area of coll. study
25. Doo-wop part
26. Point on Magellan's compass
28. Summed up
30. Badgers
34. Not tacit
36. Toot
38. Aerialist's insurance
39. Money lender, for short
40. Quote, part 3
41. Terra ___
43. Familiar substitution
44. Holding steady
46. St. Francis's home
47. Exude
49. It may involve gas
51. Have words (with)
52. Russo of "Ransom"
54. Educ. group
56. Miltonian sea creature
57. End of the quote
61. Mauna ___
62. Nickels and dimes
63. Source of the quote
65. Warehouse worker, at times
66. Hotel sign
67. Bad spots?
68. Noted Titanic couple
69. Puncture sound
70. Strata

DOWN

1. Party places?
2. Hawaii
3. Freedom fighters
4. Its business is booming
5. Pepto-Bismol, e.g.
6. Term of familiarity
7. Leaves' home
8. English stage actress Winwood
9. Jet
10. Kind of copy
11. Uffizi display
12. Cosmos star
13. Carl Sagan's "The Dragons of ___"
18. 4th of July cries
22. Person with the keys
27. Train sta. posting
29. Borders
31. Unable to stand the heat?
32. Circulates
33. Ways up
35. Little one
37. Mac rivals
40. Certain knife
42. C.I.A.'s forerunner
45. Bygone regiment
46. Seaport southwest of Nice
48. On the double
50. Branch of physics
53. Athirst
55. Valuable diamond?
57. Bruins' home
58. Greek characters
59. Hotel in "The Graduate"
60. Goddess of fertility
64. Test place

CLASS OF 56

by Frank Longo

ACROSS

1. Telepathy and clairvoyance, e.g.
5. Diamond M.V.P., 1960–61
10. "Star Trek" regular Walter
12. Issuing, as from a source
14. Courtroom alibi, perhaps
16. "A Christmas Story" co-star Dillon
17. Sternly disciplined
18. Flustered
19. It's done in cages
21. Priest, at times
22. Some French wines, informally
23. Mythological trio
24. Spaces between lines, in printing
26. C.I.O.'s partner
27. Spanish missionary Bartolome de ___
32. "___ luego!"
37. Hershey bar
38. Bank figures
40. They help move calves
42. Massachusetts city, birthplace of N. C. Wyeth
43. Back up: Var.
44. Superlatively sarcastic
45. Beautifier
46. Classifies
47. Least vacillating
48. Not vacillating about
49. Barbed

DOWN

1. ___ Beach, Fla.
2. Potential White House hopeful
3. It'll keep you going
4. Rome's ___ Choir
5. Old Testament ender
6. "Friends" co-star
7. Being bombastic
8. Book lists
9. More than peeks
10. Algiers's old quarter
11. Megacorporation
12. Osman, for one
13. Texas county or its seat
15. 1996–97 best seller "___ Ashes"
20. Economical homes
25. Ancient land in eastern France
27. It may be poetic
28. Deity discreditor
29. Split
30. Actor Louis who starred in "Julius Caesar," 1953
31. After a lengthy delay
32. A sponge may get this
33. About 180 square miles of Europe
34. Pooh-pooher
35. Most wound up
36. Predicate
37. Part of the Louisiana Purchase
39. Imparts
41. "Chicago Hope" extras, familiarly

by Rich Norris

ACROSS

1. Racecourse sections
10. Sign of stagnation
15. Advantage, of a sort
16. Imprudence
17. Car with a dragon in its logo
18. Without delay
19. 1970's guerrilla grp.
20. Kind of school
22. Common PC file suffix
23. Abounds (with)
26. Springs (for), slangily
27. Lance on a bench
28. Former TV host Sorkin
30. LP's: Abbr.
32. Nickel in a pocket, say?
33. Station
35. Gloomy
36. Put
37. Antigone's mother
40. More than esteem
42. Actress Merkel
43. Shaker Society founder Lee
44. One of Asta's masters
45. Quite a hgt.
46. Receptions
48. Submit
52. Master's follower, maybe
53. A.B.A. members
55. Candy manufacturer Harry
56. One of the Maritime Provinces: Abbr.
57. "Brighton Rock" author
59. Farm mother
60. Up
62. Run away, perhaps
65. Classical Spanish composer Antonio
66. Drives away
67. Chic
68. Underestimate

DOWN

1. Cascades peak
2. Penn pal
3. Baseball's Palmeiro
4. City SSW of Tulsa
5. Leb. neighbor
6. Old cars with Turbo-Hydramatic gearboxes
7. Publicly exaggerate, in slang
8. Shaking
9. Entered noisily
10. Winston Churchill's "___ Country"
11. Cut
12. Some irises
13. Island with a view of the Golden Gate
14. The same way
21. Currency in Oporto
24. Costa ___
25. Attacks
29. Removed
31. Wood sawer, so to speak
34. Slim cigars
37. Cager's maneuver
38. Punctually
39. In plain English
41. Way
47. Actor Bob of "Of Mice and Men," 1939
49. Mississippi River explorer
50. One of chemically related compounds
51. Just out
54. Slowpoke
57. Murder and such
58. Notable name in derring-do
61. ___ el Amarna, Egyptian excavation site
63. Nav. rank
64. "I doubt that!"

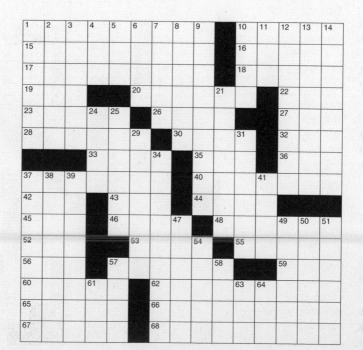

by Shannon Burns

ACROSS

1. Harper on the bookshelf
4. Procrastinator's time of action
14. Trouble
15. Some Pythagoreans
17. Certain ed. of the Bible
18. Festive
19. Midgard serpent's slayer
21. Cafeteria-goers
22. Salt
23. "If I ___ Rich Man"
25. It comes easily to hand
26. Abominable Snowman
27. Rigorous tests
28. Advantages
29. Gibbons on TV
30. Roscoe
31. Georgia ___
33. ___ de mer
34. Going on and on and . . .
36. Jack and Jill's burden
40. Annoy
41. Put out
42. Taking after
43. Candied
46. 1969 Three Dog Night hit
47. Is not on the level
49. Genre of 46-Across
50. Slays, in slang
51. Beginning
52. "Lady ___ Train" (1945 film)
53. Cream puff
55. "Coming Home" co-star
56. Sneaky

59. Member of the familia
60. They may make you feel 18-Across
61. Mr. Cat
62. Desperate strategy
63. Stuff of mine

DOWN

1. Definitive statement
2. "Take your choice"
3. Pizarro's quest
4. Fond du ___, Wis.
5. Gentleman of the court
6. In need of repentance
7. Musical interval
8. Saunters
9. Prologue
10. Annuaire listings
11. Actress Thurman
12. Guinea pig, in a way
13. Synthetic
16. Site of ancient Palmyra
20. Luth. teaching, e.g.
24. Yearn
26. Cry out loud
29. Docked
32. Publicity
33. West of Hollywood
35. Shaving wound
36. 1988 Connery film, with "The"
37. Unnatural high
38. Intentionally concealed
39. 1-Across or 55-Across, e.g.
41. Babies
43. Get together
44. 1970's Cambodian leader
45. ___ National Park, Maine
46. Recently
48. Perot follower: Abbr.
50. Yellowish
53. Formerly, formerly
54. Caboose, figuratively
57. Print measures
58. August hrs.

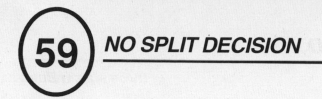

59 NO SPLIT DECISION

by Mark Diehl

ACROSS

1. Pursuing
6. Part of a Mideast name
9. Bibliophile's suffix
12. Truman biographer ___ Miller
13. Atomic bits
16. Start of a quip
19. Blackmore heroine
20. Sticking spot?
21. Egoiste's concern
22. Event where one stands for a spell
24. Actress Dickinson
26. Suffix with scan
27. Quip, part 2
31. MASH procedure
32. Lend ___ (pay attention)
33. Liza's mentor, to Liza
34. Telecommunications letters
35. Obie-winning dramatist David
38. 1982 Michener epic
40. Out of focus
42. Quip, part 3
46. Gives the heave-ho
47. Quilt stuffing
48. "Help!"
49. They make contact in "Contact"
50. Professional runner?
51. Foreign heads of state
54. End of the quip
59. Latin extension
60. Belittle
61. Brood
62. London-to-Lisbon dir.
63. Kind of star

DOWN

1. Grp. with a caduceus
2. Eliot Ness, e.g.
3. Swaps at a car lot
4. One who's tickled
5. Start again from scratch
6. Move over a bit
7. Big ___
8. Fuel for the body
9. Desert mount
10. Veterans Day mo.
11. Tiredness
14. Cop
15. Bird decoy
17. Without substance
18. It comes from a pen
22. Deli order
23. Where hurling originated
25. Like Mitch Miller, e.g.
26. Horror novelist Peter
28. St. Paul's birthplace
29. Memphis setting
30. British peers
34. Not so well-heeled person?
36. Pentagon big
37. Cubist Rubik
39. Patronized an inn
40. Part of W.W. II's Pacific theater
41. Broncos run for them: Abbr.
42. Super-duper
43. Clean up
44. Initiations
45. Bray
50. "Painter of the soul": D'Israeli
52. Nobelist Pavlov
53. Singer McEntire
55. Third-century date
56. 1-Down members
57. ___ rule
58. State on the Atl.

by Matt Gaffney

ACROSS

1. Big name in newspaper publishing
8. Is unintelligible
15. Milne moniker
16. Away, in a way
17. Cash of country and western
18. Blown away
19. Prominent couple
21. Smooth
22. ___-Ball
23. Farm machine
24. Hostile
26. Leading port of old Morocco
28. Wagons-___
29. Opening word
31. Change one's coat?
33. Film container
35. King, in Portugal
36. Paid back
40. Maroon
45. Apostle of the Franks
46. Emulated Janet Evans
48. East-west road through St. Paul
49. "What ___!"
51. Nanking nanny
53. "You ___?"
54. Where the Carpathian Mountains begin
57. Old warship
58. One who's blessed
59. City on the Columbia River
60. First Navy submarine, with "the"
61. Ads that offer "free" gifts
62. Left Bank denizen

DOWN

1. Attacks, in a way
2. B complex vitamin
3. Lot transactions
4. Famed Rio beach
5. Mere
6. Seine crossers
7. Some oil barons
8. Evangelist
9. Penny, perhaps
10. This may be found on a jacket
11. Director Satyajit Ray's native tongue
12. Ointment ingredient
13. "Medical Center" star
14. Exodus commemorations
20. Fruit basket selection
25. Disco perennial
27. Item of Olympic equipment
30. Chow
32. Hokkaido people
34. Emerging fields, as of research
36. Sentence modifier, at times
37. Retired
38. Left Bank hangouts
39. Butler's last word
41. Sharon, e.g.
42. Canzone parts
43. Easy
44. Warning, of a sort
45. Harangue
47. Playwright Norman
50. Hite of sexuality
52. Accept
55. Boss man of Ajman
56. Get all teary-eyed

61 START A GAIN

by Richard Silvestri

ACROSS

1. Sitar music
5. Gyro bread
9. Weight of a stone
14. NATO member: Abbr.
15. Dark horse
16. Duck
17. Buy everyone beers?
19. Paint ingredient
20. "Go Tell It on the Mountain" family name
21. Japanese seaport
23. "Enough!"
25. Works on pumps, maybe
30. Historical trivia
32. Didn't shuffle
33. Like most houses
36. Change the fight card?
38. "___ takers?"
39. Cheerleader's act
40. Fi leader
41. Omit the lettuce?
44. Dutch genre painter
46. December ocean phenomenon
47. Colorado Governor Roy
49. Beneficiary
51. Meal
54. Off. helper
56. Walk quietly
58. "Sweeney Todd" prop
62. Join the cast?
64. Napoleon's punishment
65. Hydrox alternative
66. Humorist Bombeck
67. Things to worry over
68. Henry VIII's VIth
69. It holds the line

DOWN

1. Actress Diana
2. Sampras and others
3. "Savvy?"
4. Apple-pie order
5. Oktoberfest toast
6. Letters of credit
7. Kind of top
8. Legalese conjunction
9. Keyboard instrument
10. Prize televised on MTV
11. Cagney epithet
12. Suffix with some fruit names
13. Cowboy's moniker
18. Fix, as a sofa
22. Assail
24. Fiesta Bowl site
26. Symbol of sovereignty
27. Relaxed
28. Draw out
29. Take hold
31. Energy choice
33. Display stand
34. Spat spot
35. In competition
37. King of old movies
39. Al Bundy sells them
42. Daughter of Ingrid
43. Star in Scorpio
44. Photo tint
45. Hide seeker
48. Temporary skylight?
50. Bar, by law
52. Look and look and look
53. "Bewitched" singer, 1950
55. Mitchell mansion
57. And others, in brief
58. Yank's foe
59. Dismiss
60. 70's–80's Pakistani president
61. Part of O.T.
63. Plop preceder

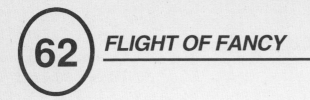

62 FLIGHT OF FANCY

by Harvey Estes

ACROSS

1. Thoroughfares: Abbr.
4. 1920's chess champion Capablanca
8. Nubian Desert site
13. Canvas coats?
16. Where to see Ben Franklin's portrait
17. Pump thump
18. Attorney modifier
19. Going around the world
20. Much of boot camp
21. Fax button
22. Give away
23. Projecting part
25. Cry of glee
26. A.C.L.U. concerns: Abbr.
28. Vogue
29. Cigs
30. One of Frank's exes
31. Bill and Bob's opponent
32. Sheds
33. Archly theatrical
34. Ab ___ (from the beginning)
35. Cornerstone of Cartesianism
36. Centers
37. Nonexistent
38. Air France terminal
39. Goggles
40. Threw over
42. !, to a printer
43. Particular
44. Greens, politically
48. Ardent
49. Quid pro quo
50. Sweetie pie
51. Monet subject
52. Physicist Mach
53. Raw material
54. Tarquin's title

DOWN

1. Area near TriBeCa
2. Class
3. Tabletop, perhaps
4. In agreement
5. Upright
6. Actaeon, ultimately, in Greek myth
7. Hrs. in Quebec
8. Hermes accessories
9. Free from restraint
10. Important monetary currency peg
11. Every minute
12. Intelligence
14. Cooler places?
15. Work on, with "to"
20. Hero's list
22. Butler of fiction
23. Support
24. Denouement
25. Young role on TV
27. Drains
28. Suffix in high-tech company names
29. ___-be
32. Prized mushroom
33. Rodeo rider
35. Most moronic
36. Psalms singer
39. Faux pas
41. Exchanges
42. She played Margo in "All About Eve"
43. See
44. Jim Carrey, in a 1997 movie
45. Sensation
46. Scheherazade specialty
47. An oath on it was once held to be inviolable
49. Company number

WORD WIDE WEB

by Rich Norris

ACROSS

1. Accessories for sweaters?
10. "Valley Girl" singer-songwriter
15. Atonement
16. "Little Darlings" actress
17. Some shooting stars?
18. Lord's worker
19. Antismoking grp.
20. Lady Macbeth, on occasion
22. Cultivate
24. Jagged
25. Pants part
26. Miniharbor
28. Kind of rock
30. Hosp. employees
31. Sports baskets
33. Max, so to speak
35. Lodges
37. Minor, maybe
38. Ancient Syrian
41. Like corduroy
45. Storage spot
46. Aqueduct, e.g.
47. Toward the Rio Bravo, to a mejicano
48. Gulf east of Djibouti
50. Six-time U.S. Open champ
53. In order
54. Sale result, sometimes
57. Soul, to Sartre
58. Still in the game
59. National hero of Argentina
61. Lace's end
62. Developing
63. "Joy to the World" and others
64. Utmost

DOWN

1. Of the liver
2. Go over
3. Causes consternation
4. A day in Durango
5. Blocks
6. Swift's "___ of a Tub"
7. "My Life in Court" author Louis
8. Nod
9. Removes, as for a scrapbook
10. "Thérèse Raquin" novelist
11. Indigo-yielding shrubs
12. Surprise spoilers, maybe
13. Show
14. Advises
21. Peter of "RoboCop"
23. Song title words before "Be" or "Ride"
27. So much, to Solti
29. Prominent fashion name
32. Whine
34. Conclude with
36. Causes to collapse
38. Spanish nobleman
39. Like the Congo's Mobutu Sese Seko
40. Courtly
42. Word before many city names
43. Loosely woven cotton
44. Reduced hostilities
45. 1943 Robert Taylor film
49. Central point
51. "Dallas" setting
52. Indecisive
55. They may all be off
56. Neck part
60. Semi

by Matt Gaffney

ACROSS

1. Grade school door sign
5. Chesapeake catch
10. Son of Judah
14. Indian tribe
15. Magnificent
16. Scent detection device
17. What's the point of annoying Leno's sheep?
20. 60-Across, in other words
21. Served
22. Beverage cart locale
25. Intention
26. Planetary paths
28. "___ will throw thee from my care . . .": Shak.
30. "Endymion" poet
34. Happy post-accident statement
35. U.S. ally in the American Revolution
37. Best Actor nominee of 1992
38. Singers Starr and Kiki look at each other
41. Author LeShan
42. Lowest A, usually
43. London's ___ of Court
44. Kind of disk
46. Is for two
47. Nutritionist's amts.
48. Rough position?
50. U.S. foe of 1898
52. 38-Across, in other words
56. 17-Across, in other words

60. Fashion magazine is indebted to a pop group
63. Hammer part
64. Bury
65. Suffix with disk
66. Williams and Knight
67. Duma votes
68. Hardy soul?

DOWN

1. New Year's event
2. Emperor after Galba
3. Fad item of '61
4. Blows
5. Cliff sights
6. Musical notes
7. Information ___
8. Tijuana locale
9. Toil (away)
10. Like some kicks
11. Coward of note
12. "___ forgive those who trespass . . ."
13. Sine qua non
18. Protection: Var.
19. Pinstriper
23. One of the Bobbitts
24. Sites of some chalk deposits
26. Brazilian writer Jorge
27. Flush variety
29. Shoe section
31. Indianapolis's Market Square ___
32. Oft-rebellious group
33. Act saucy
34. Alibi ___ (excuse makers)
35. Memo letters

36. Baseball's Ron
39. Physicist Fermi
40. Failed to comprehend
45. 1986 sci-fi hit
47. Confirmation, e.g.
49. Buzz Aldrin's real first name
51. Australia's ___ Rock
52. Preserved
53. Bauhaus artist
54. ___ 'Oléron (island off 35-Across)
55. Disallow
57. Ballet jump
58. Super Bowl III champs
59. Applications
61. Part of many Québec names
62. "Wanna ___?"

65 COMBINATION LOCK

by Chuck Deodene

ACROSS

1. Honey badger
6. Drivel
14. École attendee
15. Vacation footage, e.g.
17. Microscopist's reagent
18. Smithsonian specialty
19. Dixie desserts
21. Cinnabar et al.
22. Shiraz resident
23. Like some paint
25. Former Armenian President Levon ___-Petrosyan
26. First name in humor
28. L.A.-based petroleum giant
29. D.C. summer hrs.
30. Freshman language course
32. Stutters
33. Cafeteria wear
34. Texas A & M rival
37. Register
38. Spotted amphibian
41. Egypt's ___ Church
43. Quarries
45. Windswept spot
46. Not aching
47. Marine phosphorescence
49. ___ Grande, Fla.
50. Tropospheric current
52. San Antonio arena
55. 1964 #1 hit
56. Energy-saving cooker
57. Grant portrayer
58. Most clement
59. Jurors

DOWN

1. Timeout
2. Not in its original form
3. Server's trolley
4. Lake Geneva spa
5. "Of Mice and Men" character
6. Flexible armor
7. Togo's capital
8. Home of the N.C.A.A.'s Cyclones
9. According to
10. Pa. nuke plant
11. Post-Baroque
12. Profiteer's vice
13. It helps you get a grip
16. Canvas supports
20. Lingo
23. Crescent-shaped windows
24. Module
27. No longer anchored
31. Hard to brush off
33. Scion
34. Takes a dive
35. "Hamlet" highlight
36. Swank
38. French philosopher Gilson
39. One rummaging about
40. Aftershocks
42. Unanimously
44. Despotic governor
48. Thick upholstery fabric
50. Roman Zeus
51. Scottish uncles
53. Scrap
54. It makes a lot of cents: Abbr.

66 MUSICAL INTERLUDES

by Dave Tuller

ACROSS

1. Rear ends
8. Agog
15. Vanessa Redgrave film of 1968
16. Tombstone locale
17. In trouble, in slang
18. Lie
19. Chance occurrences
20. Sister in "Sisters"
22. Signal in a courtroom
23. 48-Down, in poetry
24. First name in exploration
26. "___ tu"
27. Commit
29. Portuguese India territory
30. Partition
31. Faience glaze ingredient
32. A bundle
33. Long time
36. Point at a shoe store
38. [I'm scared!]
40. Bee: Prefix
42. Muffler
45. Atlantis was one: Abbr.
46. Offensive
49. Bigger than med.
50. U.S. Army landing point, 9/9/43
51. It comes in strands
52. Free silver champion
54. Sheepherding locales
55. Shrivel
56. Viceroyalty that included Argentina
58. Eye
60. Adjective for some lens cleaners
61. Thick cornmeal mush
62. Act
63. Stretcher at the gym

DOWN

1. Men staying on one color
2. Indiana Jones, often
3. 1968 #1 hit
4. Time of the month
5. Cousin of "Well . . ."
6. Imagined
7. ___'s Wells (renowned London theater)
8. Like most aluminum ore
9. Beverage server
10. Beginning, informally
11. Jerusalem visitor from the Persian court
12. 1971 #1 hit
13. Begin as an adventure
14. Showy flowers
21. Was, in Latin
24. ___ Flite (bicycle brand)
25. Robt. E. Lee, e.g.
28. Budding twitter
32. Peacekeeping skill
34. Zippo
35. Result of a kitchen accident
37. U.S. brand retired in 1972
38. Adventurer of 18th-century French literature
39. Commander at Shiloh
41. "Aha!"
43. Go over
44. 1996 campaign issue
47. Savvies
48. Clear
50. Bollix
53. Made it to the ground
55. Astronomer-turned-architect
57. Little one
59. ___ broche (cooking style)

HACKING IT

by Cathy Millhauser

ACROSS

1. Breeze
5. Appetizer for Juan
9. Cornrows alternative
13. Summer cabin site
14. Curaçao neighbor
16. Cherokee, for one
17. Suffix with sinus
18. Two of a 60's quartet
19. Loads
20. Hacked it, as a farmer?
23. Script scraper
24. Cling to
25. Bill Nye's subj. on TV
28. Forum matter
29. Médoc, merlot, etc.
32. Surpassed
34. Hacked it, as a highway engineer?
36. 1986 World Series stadium
39. Long March leader
40. Smeltery input
41. Hacked it, as a candlemaker?
46. Informal hatrack
47. Medal recipient
48. Prefix with pressure
51. Literary inits.
52. Dawn deity
54. Lily-livered
56. Hacked it, as a pelican?
60. Salalah's land
62. "Vive ___!"
63. Restrain
64. [Get the joke?]
65. Microscopy supply

66. Inventor Elisha
67. "Don't be startled"
68. Some are horned
69. Lt. Columbo et al.

DOWN

1. Deli need
2. John Muir's interest
3. Muscular dogs
4. Rats, gnats, etc.
5. Like some jeans legs
6. 80's–90's writer Saroyan
7. Kind of platter
8. Discompose
9. Open, but just
10. Crystalline mineral
11. Monogrammatic car of old

12. Choose
15. Perspicacious
21. Sister of Zeus
22. Eagerly excited
26. Grant
27. Middle of a mensis
30. Sample
31. Secret supply
33. Academic handle
34. Handle without care
35. Sharpen
36. Try for a fly
37. Geiger of Geiger counter fame
38. Pop music's Gloria and Emilio
42. Flake (off)
43. Longhaired fad dolls
44. Scamps

45. "Watch out!"
48. Do the Wright thing
49. Larry Bird was one
50. But
53. Handle
55. Prior's superior
57. Black and wet
58. Tie
59. Labor
60. Have a tab
61. Veterans' concern, briefly

68 HOLLOW BODIES

by Rich Norris

ACROSS

1. Gravely ill, once
6. Big name in auto supplies
10. Alphabet trio
13. Damfool thing
14. Machetes
15. Appear indecisive
16. Comics hero since 1947
18. Porter
19. Beers, maybe
20. Request of Rhonda, in a 1965 Beach Boys hit
22. Heavenly route
23. Consider appropriate
26. Have another picture taken
27. Helm of fiction
29. Stop using
31. Left
32. Invoice fig.
34. Unfair
36. Beverly Sills contemporary
39. Tom or Daisy of "The Great Gatsby"
40. 1981 Tony winner McKellen
41. North Carolina county on the Blue Ridge Parkway
42. ___-Roman
44. Trudge
48. More remote
50. Tanker's cargo
52. Provoke
53. Old nursery song word
55. V.I.P.
57. Wing
58. Subject of a 1930's mystery
61. "Norma ___"
62. Anonym
63. Thunderstorm product
64. A.A.R.P. members
65. Cord fiber
66. Fast times

DOWN

1. F.B.I. sting of the late 70's
2. 1962 monster film
3. Like "The Zoo Story," e.g.
4. Guns
5. Stuck
6. Prefix with dairy
7. One of the Khans
8. "Fiddlesticks!"
9. Seven-time Emmy winner
10. Liszt piece
11. Gene Krupa portrayer, 1959
12. Chirped
14. Computer language
17. Ready to break, as a wave
21. Multitudes
24. Certain witticism
25. 1880 literary heroine
28. Wolfpack opponent
30. Kind of table
33. Hit song of 1959
35. Overseas Mrs.
36. Powerful
37. Victim of Paris
38. One whose work's a bust
39. Emergency boat workers
43. Salad ingredients, briefly
45. Maker of Wish-Bone salad dressing
46. Break in, so to speak
47. Categories
49. Indian chief
51. Register
54. Winter time
56. Goggle
59. Lower, in a way
60. Break

69 THICK AS A BRICK

by Bob Klahn

ACROSS

1. Perplex
7. Fleet runners?
15. Crows
16. Greenkeepers?
17. Baskets: Sp.
18. Philosophy of Epicurus
19. He was accountable for Hun dreads
20. It's still free
21. R.B.I. leader of 1976
22. Brought into play
23. A neighborly sort
25. Tix
30. 1950 film noir classic
31. City formerly called Niles Center
32. Philosopher known for his "razor"
37. Producer for David Bowie and U2
39. Squeeze (from)
40. Dwellers in gum trees
42. "Boy, am I stupid!"
44. Lettuce
45. Bettors' pastime
51. Fast stop?
53. Drifted
54. Name of two Bourbon kings of Spain
58. Pet food name
59. Pioneering 50's news program
60. Pants line
61. Popular Lily Tomlin character
62. Torch carrier
63. Judges
64. Some of them are perfect

DOWN

1. Make quiet
2. Former capital of New Hampshire
3. Come up with
4. Last month
5. Frequent setting in a W.W. II movie
6. Gave it the old college try?
7. Herb Gardner Broadway play and movie
8. Oceans, to Longfellow
9. Longfellow, in a 1936 movie
10. Wellington, with "the"
11. 100 cents, abroad
12. Battle strain?
13. It's just one thing after another
14. Cloned
24. Unnamed litigant
26. Crew member
27. "___ Cassius Clay" (1970 documentary)
28. Certain X
29. Compose
32. Initialed
33. Pigeon English?
34. Crate, so to speak
35. Schooner's cargo
36. Pleistocene beasts
38. "___ Miss Gibbs" (old musical)
41. Earth shades
43. Concert soloist
46. Sudden swoop
47. "Pride and Prejudice" star, 1940
48. Somme place
49. Drunk driver, e.g.
50. One of a 50's quartet
52. In concert
54. In the Black?
55. Digital displays
56. I.M. and Mario
57. "Women and Love" author

SHORTER DISTANCE

by Mark Diehl

ACROSS

1. Checked for prints
7. "What fools these mortals be" writer
13. Under close scrutiny
15. Apple variety
16. Hopper
18. Wee
19. Lesley of "60 Minutes"
20. Fire ___
21. Sweeping
23. Put the pedal to the metal
24. Release forcibly
26. Birthplace of Columbus
28. Quarterback play
31. Sidewalk stand offering
32. Cold war grp.?
34. 1963 Shirley MacLaine role
35. Russian river in a Sholokhov title
36. Skipper
41. Bother
42. Duds
43. Scratch the surface
44. Member of 32-Across
45. Master's degree requirement
47. Plows
51. Snaillike
53. Pastoral sounds
55. What chimney sweeps sweep
56. No-show
58. Kipling story setting
60. "___ Vadis?"
61. Jumper
64. "Driving Miss Daisy" co-star
65. Like TV's Ninja Turtles
66. So-called "Gateway to Australia"
67. Like Felix vis-à-vis Oscar

DOWN

1. Golf course feature
2. Green
3. Leader born in Georgia
4. Lead-in with angle
5. One overseas
6. Pub diversion
7. Taste
8. Within: Prefix
9. Tidal points
10. Lark
11. Came to visit
12. King Kong, e.g.
14. Track and field attempts
15. Skyscraper workers
17. The house white, perhaps
22. Kind of tar
25. Proceed
27. Southwest friend
29. ___ radio
30. Measure of purity
33. Gelatin substitute
36. Roams
37. Blind devotion
38. Cattle drive hazard
39. Like Scheherazade
40. Tennessee's state flower
46. 1978 co-Nobelist
48. Plumlike fruit
49. Airport V.I.P. section
50. He brought Dracula to life
52. Common door sign
54. Police car device
57. Citrus fruit
59. To ___ (perfectly)
61. Qualifiers
62. Thumbs down
63. Genetic stuff

PATCHWORK

by Chuck Deodene

ACROSS

1. Andean shrub
5. ___ Sanctorum
9. Crayola color
14. Caspian Sea feeder
15. 1966 Lennon-McCartney tune
16. "Hold your tongue!"
17. Refugee's request
20. "Murder, ___" (1960 film)
21. Author Robert ___ Butler
22. Jazz trumpeter Baker
23. Skeptics
25. City on the Po
28. Fate
29. National Gallery ___
31. Slicker
32. Like fraudulent accidents
35. Milk source
36. Cartoonist Walker
37. Timber or water, for instance
40. Some train cargoes
41. "Undoubtedly"
42. Like the risk to bet on, maybe
43. "What a ___!" (beach comment)
44. Reno game
46. "Chuang Tzu" principle
47. Prefix with sphere
49. Infamous pen
53. Side in a 1980's war
54. Go bad
55. Chemical suffix
56. Modern air munition
60. Movie scorer Straus

61. Beclouds, with "up"
62. Controversial ripener
63. Verbose
64. Change machine fill
65. Rowlands of "Light of Day"

DOWN

1. One usually seen taking a bow
2. Town near Bangor
3. They're deemed worth taking
4. The People's Champ
5. Quick
6. Chicago suburb
7. Commuter hub
8. Completely
9. Gist
10. Industrialist Guggenheim
11. Babe Ruth, in 1914
12. French crown
13. "The One I Love" group
18. Barely walk
19. Taylor or Hayes, e.g.
24. Counterfeit
26. Busters
27. Chamber group, perhaps
30. Knock out, so to speak
32. Brahmins
33. Place to see a hanged man, e.g.
34. Dawn-till-dusk

36. Marshal under Napoleon
38. Roarer
39. ___ about (publicly visible)
44. Without a cover at night
45. Gunk
48. Expanses
50. Garnish leaf
51. Pitcher, of a sort
52. Kind of crossing
56. Part of a trunk
57. ___ precaution
58. Subject of a grainy picture?
59. Nab

72 PHRASEOLOGY

by Matt Gaffney

ACROSS

1. Founder of the Austro-Hungarian empire
12. Agosto, for one
15. They're of no minor concern
16. Prefix with biology
17. Elmer Gantry and others
18. Comics diminutive
19. The Gray, informally
20. Get one's points across?
21. Islamic architectural feature
23. Getting-off point: Abbr.
24. Four gills
25. Gaucho
26. Dog holder
27. Oktoberfest entertainment
29. Keep
33. Place for a lecture
36. "Hee Haw" co-host, 1969–86
37. Relative of the guillemot
38. White lion of old cartoons
39. Former Senate leader
40. Geneva Convention concern
42. Neckwear
44. It's revealed when the chips are down
45. Prize
47. Gust
49. Gretzky, nine times: Abbr.
52. Point of success
53. Ring to wear
54. Hide
55. Conned
56. Asked if one would
59. Craft
60. Milton Friedman follower
61. Newcomer, briefly
62. Best Actress of 1980

DOWN

1. French town near Alençon
2. Enrapture
3. Jordan's only port
4. "The ___ Story" (Audrey Hepburn movie)
5. Last king of Albania
6. 80's TV villain
7. K. T. of country music
8. Brett Hull and teammates
9. Disappearing transports
10. Got the stick, maybe
11. Gave out
12. Ham production?
13. Shah, once
14. Kind of panel
22. Guess
24. Groucho Marx specialties
26. Folk medicine plant
28. Genres
29. Ground cover
30. Brace
31. Sharing blood with
32. "Where or When" lyricist
34. Noted blue chip
35. Dummy
38. Didn't guess
40. Title location of an 1834 Bulwer-Lytton novel
41. Orchestra trio
43. Anglo-Saxon freemen
45. "Blue River" author Canin
46. Lot
48. Circumspect
49. Lifesaver, of a sort
50. Aqua ___
51. Cheap wine, in Britain
54. Norm's wife on "Cheers"
57. Montana and others: Abbr.
58. It bugs people on the phone

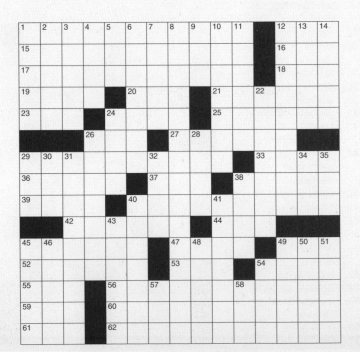

73 BRIGHT GUYS

by Christopher Hurt

ACROSS

1. Petit chapeau
6. Crosswordy ratite
9. Theater box
13. Its capital is Oranjestad
14. "___ Life of Johnson" (classic biography)
16. ___ Caesar (Caligula)
17. Genius
18. Teetotalers
20. Torso's washboard
21. British baby bearer
23. ___ Domini
25. French number with three 0's
27. Ones, when marching
28. Mrs. John Quincy Adams and others
30. Wraps
32. Actress Penelope ___ Miller
33. Use clippers
35. Turtle dove
36. Genius
42. "___ questions?"
43. Bartoli performance
44. ___ Berg, the intellectual of Baseball
45. Convertibles
49. Collected works
51. Substance from which the universe was created
52. Like a hermit
54. Robin's residence
55. It towers over Taormina
56. 0
57. Univ. recruiter
59. Genius
62. Kind of board
65. Hotel chain
66. Like a carpet
67. Associate with riffraff
68. Lao-___
69. Hot pot and others

DOWN

1. It plays it
2. Mouths, to 16-Across
3. One who'd like to know more
4. Classic 1896 Alfred Jarry play
5. "No sweat!"
6. Tidal movement
7. Upright
8. In working order
9. Writer Deighton
10. Op-ed artist Pat
11. Expresses anger, in a way
12. Pleasant distraction
15. Know-it-all
19. Know-it-all
22. Submissions to S. & S.
23. Brand of daminozide
24. It's outlawed
26. Horned goddess
29. Shorthander, for short
31. First name in late-night TV
34. 1990 Matsushita acquisition
37. Nepalese capital
38. Press
39. One who doesn't know much
40. ___-chef
41. Toe in the water
45. Manhattan ingredient
46. Changes a suit
47. Agreeable
48. Most artful
50. Just know
53. Medleys
58. Butterfingers' remark
60. Actor Alastair
61. 22.5 degrees
63. Maimonides, for one
64. Spots

by Martin Ashwood-Smith

ACROSS

1. It works like a charm
9. Undertone
15. Former Big Apple mayor
16. Drill bit?
17. Saskatchewan city
18. Item of biblical attire
19. Touchdown point?: Abbr.
20. Porgy and bass
22. Foreign V.I.P.
23. Recreation center staple
26. Loudness unit
27. Ariz. neighbor
28. Music sheet abbr.
29. Seal
30. Comedian Howard
31. Tercel
37. An angry speaker might make it
38. Two-time Masters champ
39. Palindromist's preposition
40. Old Dodge
41. Bank accrual: Abbr.
42. More than a miss
44. Marshlands
45. Baltimore team, in sportspeak
47. Large copier
48. Hirsch of "Taxi"
49. Actress Meyers
50. Polar wear
52. Christopher Marlowe drama
57. Game keeper?
58. Western Sahara, once
59. They're great on Triple Letter Scores
60. Drummer

DOWN

1. Skye cap
2. Blood letters
3. Constellation near Hydra
4. "Ghosts" writer
5. Mind
6. Goya depiction
7. Health-care lobby grp.
8. St. John's people
9. Billiard stroke
10. 1945 Roy Rogers-Dale Evans western
11. Half a cartoon duo
12. 1943 Greer Garson title role
13. Lexicographer's concern
14. "Chill!"
21. Calculator display
23. See 24-Down
24. With 23-Down, "Zorba the Greek" actress
25. "See ya!" overseas
26. Out of harm's way
27. "Q & A" star
29. Sp. title
30. Trestletree site
32. Filer
33. Kotter of "Welcome Back, Kotter"
34. Ending with song
35. Town NE of Bangor
36. Coveys
42. Two-mile-high capital
43. Not counting, with "from"
44. They may be blown in boxes
45. Calling
46. Dad's rival
48. Nephrite
49. In trouble, in the Army
51. ___ Kan
53. Cinco de Mayo, e.g.
54. Monk's title
55. "Ça ___" (French revolutionary song)
56. Charged bit

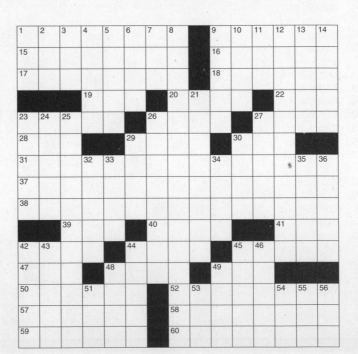

75 THEMELESS SPECIAL

by Rich Norris

ACROSS

1. Righteousness to a fault
9. Market grp.
15. Schubert song
16. City near Syracuse
17. Judged, in a way
18. Denver athlete
19. Storage areas
20. Ref. book
22. 70's extremist grp.
23. "___ Three Lives"
24. Former TV co-host
25. Funeral stand
26. Cyberspace abbr.
27. Fakes
30. Ship's heading
31. ___ Hill (James Monroe's home)
32. Ashby of the 80's Astros
33. Fat, in France
35. North Dakota native or city
38. Mother of Levi and Judah
39. Bank acct. entry
40. Not classical
42. Comfort, in a way
45. Cinch
46. Not
47. Hungarian patriot Nagy
48. Bangkok money
49. Germany's Dortmund-___ Canal
50. Quite a while
51. Actress North
53. Fortune
55. Less relaxed
57. Japanese floor covering
58. Olympics sport discontinued after 1908

59. Hit song of 1968
60. Swore

DOWN

1. Sci-fi enemy
2. Like some speeches
3. Airport employee, at times
4. Fix
5. Caper
6. More than upsets
7. German pronoun
8. More angry
9. Cool
10. ". . . some kind of ___?"
11. Line part: Abbr.
12. Eats with enthusiasm
13. Astaire and others

14. Its capital is Doha
21. Iraqi, most likely
24. Net
25. Join
27. Trig function
28. Is smart
29. So much, musically
34. Oil of ___
36. Beekeeper
37. Fast food request
41. Faded (out)
42. "Hippolyte et Aricie" composer
43. Sham
44. Phoebe's sister on "Friends"
46. Salamanders
48. Castilian kisses
50. "Look ___ . . ."
51. Faction

52. Wonderland character
54. Chou En-___
56. A Turner

1

```
S N O W ■ D R U B ■ ■ N O N STICK
N O T A ■ E E R O ■ ■ O W E S
C A R R Y A B I G STICK ■ S E R B
C H A R A D E S ■ S H I N D Y
■ ■ I K O N ■ T H E E ■
STICK A R O U N D ■ M I R R O R S
E V E R T ■ C A F E ■ R E L
M I A S ■ B R U N T ■ S I V A
U L M ■ D R U M ■ T I E U P
P A S S I O N ■ C A N D L E STICK
■ C O O S ■ A L O E ■
D I S A R M ■ G R O T T O E S
I D O L STICK T O T H E R I B S
P Y R E ■ A R E A ■ I S A T
STICK L E R ■ B E D S P E N S
```

2

```
C L E A N ■ I C A R E ■ R A P
H A N N A ■ N O M A D ■ E S O
A L O O P ■ A M E T H Y S T S
W A L L P A P E R S ■ E I R E
■ ■ D E L P H I ■ I N D I A
S P A ■ R E L O C K S ■ E N S
H E R D S ■ E M A I L I N G ■
A C M E ■ U P E N D ■ A C E D
■ C A M P S I T E ■ A M E N D
B A G ■ T H E O M E N ■ S T E
A D E L A ■ O R B I T S ■
R I D E ■ G R O A N I N G A T
E L D O R A D O S ■ T O O T H
S L O ■ A M E S S ■ A R E T E
T O N ■ M A R T Y ■ X E R O X
```

3

```
S H O P T A L K ■ A R R E S T
C A L L E R I D ■ L I E N O R
I N D E N I A L ■ S T I F L E
O K E D ■ D I A L ■ E N I D S
N I S ■ ■ S N I T S ■ L S T
S E T S ■ D O G M A ■ N A I L
■ ■ T W I N ■ A B R I D G E
S C H O O L ■ ■ R A V E N S
C H A L K U P ■ D I M E ■
R I D E ■ T O P A Z ■ N E R F
A L L ■ S E N O R ■ L E I
B L U N T ■ G I L T ■ L I M E
B O N I E R ■ S E A S O N A L
L U C K E D ■ O N R E C O R D
E T H E R S ■ N E T W O R K S
```

4

```
S T A G E D ■ ■ D E L M A R
T R E E T O P ■ S E L V A G E
P E R S O N A L T R A I N E R
■ M O T ■ S T E A M Y ■ U N O
R O B E S ■ E G G O N ■ A D O
E L I ■ O M N I ■ E C L A T
D O C ■ R A T S O ■ I T S ■
■ E M B E L L I S H E R ■ ■
O X O ■ Y A L T A ■ E T A
S N E E R ■ T S A R ■ A U G
T A R ■ A N D I E ■ P A D R E
E T C ■ S U A V E R ■ M M M
W E I G H T R E D U C T I O N
E A S I E S T ■ S T O O L I E
D R E S S Y ■ ■ A P O L L O
```

5

```
T A M A L E S ■ T I M E W A S
I S O L A T E ■ A N I M A T E
R A V A G E R ■ R E L I V E D
A R A N ■ R I A S ■ S T E L A
D U B S ■ N A D I A ■ S I T
E L L ■ B E L A ■ T O A T E E
■ E E L Y ■ I M P O S T O R ■
■ ■ E R A S ■ E R A T ■ ■
■ C R A N S T O N ■ G A P S
T H E S E A ■ B E B E ■ L E V
R O T ■ P R O L E ■ R A R A
A R I S E ■ A L O W ■ H U R L
C A R A V A N ■ P A G O D A S
E L E M E N T ■ E R U D I T E
R E S E N T S ■ S E N A T E S
```

6

```
S A N T A I S A B E L ■ C A W
O N E A C T O P E R A ■ O U R
U N A L T E R A B L Y ■ M C I
P O P L A R T R E E S ■ I T S
■ ■ Y E A ■ ■ ■ O P C I T ■ ■
A B C ■ O T I S ■ U R S O ■ ■
B L U E N I L E ■ M T E T N A
B U T T ■ V O L G A ■ G R I S
E S C A P E ■ E N D P O I N T
■ T O P E ■ S U E R ■ P G A ■
D E R E N ■ ■ L O G ■ ■ ■ ■ ■
U R N ■ P E E W E E R E E S E
P O E ■ A L L E V I A T I O N
R U R ■ L A K E O N T A R I O
E S S ■ S M O K E E A T E R S
```

7

```
D O U B L E ■ ■ T W E N T Y
U S R I V E R ■ S H A K I E R
R O G A I N E ■ T A L E N T S
A L E S ■ ■ S H A W L S ■ ■
N E S ■ C R O A T I A ■ E S S
■ ■ F A L L E N ■ A X L E
F A M ■ L I E F ■ G U S T A V
I W A S A ■ D B S ■ S E R I E
F A J I T A ■ A C T A ■ A N N
T K O S ■ B B K I N G ■ ■
Y E R ■ T R I E S T E ■ T A B
■ ■ S H A R D S ■ H O R A
P R O K E D S ■ O S I E R E D
R E T I R E E ■ R A T R A C E
S I S T E R ■ ■ S I R H A N
```

8

```
T O M H A N K S ■ P E E R S
A L O E V E R A ■ V E R N A L
G I L L I G A N ■ E N G A G E
E V E ■ D E M ■ I G N O B L E
N E C K ■ V E R S A ■ L A P ■
D O U A Y ■ R O E N T G E N
S Y L V A N ■ B R I A R ■ ■
■ L E N N O X ■ E S C A P E
■ E N T E R ■ M E D A L S
■ M A R I A N A S ■ T E R S E
G I S ■ R I P U P ■ A M I E
E S T O N I A ■ R A D ■ E N S
C H A V E Z ■ S T R E S S O R
K A R A T E ■ T A K E C A R E
O P E L S ■ E X A M I N E D
```

9

```
S T R I D E N T ■ T A M E R
K I C K A P O O ■ F E M A L E
O N C E M O R E ■ A D O R E D
A M O ■ S C E N I C D R I V E
L A L O ■ H E A N E Y ■ N A E
S N A I L ■ N I T ■ A T M
■ N A P ■ L E D A ■ R O E
P E C K I S H ■ L O W C A R D
A X L ■ D I A S ■ G E L ■ ■
R P I ■ R E V ■ D U C T S
A L P ■ B O P E E P ■ B R A E
S O P R A N O A R I A ■ E N V
I D E A T E ■ B E L G R A D E
T E R R O R ■ L E E A A K E R
E S S E N ■ E N D R H Y M E
```

10

```
H O I S T S ■ I H A D ■ J A B
M A N T R A ■ N A V E ■ A D O
O R D A I N ■ T I G E R C U B
■ I R K ■ P E T ■ P O K E S
B R A V E M A R I N E R ■ ■
L U N E ■ O Y L ■ E N E R O
A B E D ■ V I E ■ E D M O N D
S I X ■ R E N A R D S ■ Y E R
T E P E E S ■ G A L ■ M A D E
■ S O T T O ■ U T E ■ A L G A
■ Y A N K E E D O D G E R
S W A M I ■ N P R ■ V I I
M E T A N G E L ■ C A S A B A
E R A ■ E L L A ■ A T O N A L
W E D ■ R O L Y ■ T E N T H S
```

11

```
H A D A B L A S T ■ S H I M S
O V E R E A G E R ■ I O N I A
H O L E I N O N E ■ D R O S S
O N E A T ■ R A N ■ E A R T H
■ ■ ■ L A T T E R ■ D R E ■
■ F I F E S ■ ■ E S P I E S
U N O D U E T R E ■ I N A ■
R A I D ■ I D I ■ S L A T ■
T B S ■ A S S O C I A T E
B R A T T Y ■ ■ U N F E D
R A D ■ I N M O S T ■ ■
E D S E L ■ A R A ■ I S H O T
N E P A L ■ N O T I N T U N E
D R O V E ■ I N A T R A N C E
A S T E R ■ C O N T E S T E D
```

12

```
C O E D ■ S H I P ■ A D L I B
H A L E ■ P O K E ■ T R A D E
I T S A ■ O V E N ■ V I R A L
C H E R K N E ■ ■ E C H O
■ ■ Y G R F I T H S H O W
D I V I D E ■ A M B I T ■
E M I R ■ S T P A T ■ G A S
J P E A N U T T E R S W I C H
A S S ■ E M A I L ■ E R M A
■ T S A R S ■ T A B L E D
B E A V I S T H E A D ■
O L D S ■ ■ N O S S O R S
A I D E S ■ Y E T I ■ E X I T
S T E T S ■ A G E S ■ M E S A
T E R S E ■ W O R M ■ I N K Y
```

13

```
■ Z A P ■ T U B A ■ E S K E R
L O P E ■ A R A B ■ N O U S E
E D E L W E I S S ■ T H R O B
G I R L Y ■ ■ ■ R O O T ■
S A C ■ A B T ■ C R O ■ S E W
◆ C U T T E R ■ R I P ■ A R I
■ S T R A T E G Y ■ W I N
E S M E ■ M U A N G ■ H A C K
C P A ■ D U M B N E S S ■
H I D ■ I D A ■ A R C T I C ●
O L E ■ V A S ■ S S E ■ S O L
■ L O V E ▲ ■ ■ N A O M I
L A V E R ■ S T A T E S M E N
A N E N T ■ L U C E ■ T E T E
C E R T S ■ O X E N ■ I R S
```

14

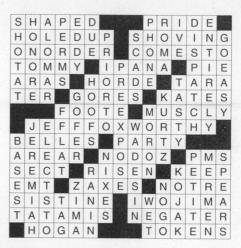

```
S H A P E D ■ ■ P R I D E ■
H O L E D U P ■ S H O V I N G
O N O R D E R ■ C O M E S T O
T O M M Y ■ I P A N A ■ P I E
A R A S ■ H O R D E ■ T A R A
T E R ■ G O R E S ■ K A T E S
■ F O O T E ■ M U S C L Y
J E F F F O X W O R T H Y ■
B E L L E S ■ P A R T Y ■
A R E A R ■ N O D O Z ■ P M S
S E C T ■ R I S E N ■ K E E P
E M T ■ Z A X E S ■ N O T R E
S I S T I N E ■ I W O J I M A
T A T A M I S ■ N E G A T E R
■ H O G A N ■ T O K E N S
```

15

```
C A M I L L E ■ C R O S S E S
A S O C I A L ■ R A T L I N E
S H R I L L Y ■ A B R I D G E
A C A C I A S ■ D I A P E R S
B A L L ■ W I E L D ■ S L A T
A N S E L ■ U S E ■ S H I V A
■ ■ A I M S ■ S O O N E R
M U S L I N ■ A L D E R S
I N T E R N ■ D R N O ■
S C R O D ■ D U E ■ S U P R A
T O O T ■ F R O S H ■ P L E D
R U N A W A Y ■ P O S T A G E
U P G R A D E ■ I G N I T E S
S L E D G E S ■ R A I M E N T
T E R S E S T ■ E N T E N T E
```

16

```
C A N D I D ▪ B A B S ▪ S G T
A N Y O N E ▪ M C I I ▪ W O O
M E S S S T E W A R D ▪ I R K
S W E A T E D ▪ D E E P S E A
▪ ▪ G A N G ▪ E M B A S S Y
A L D E N T E ▪ M E E T S ▪
W O R S T E D ▪ E S T A T E S
A G E ▪ ▪ ▪ ▪ ▪ E R A
R O S E T T A ▪ D E S C A N T
▪ S C R E W ▪ I N T A K E S
O B S C E N E ▪ S C A N ▪
B E H E A D S ▪ C A R D I A C
E L I ▪ C R O S S S T I T C H
S L R ▪ L I M E ▪ E U D O R A
E A T ▪ E L E E ▪ S P A R E D
```

17

```
A D S ▪ S C A L P ▪ A L T S
N E T S ▪ H A G U E ▪ D O R A
A F R O C U B A N S ▪ E S A I
B I A L I E S ▪ G O O ▪ E N D
O N I O N ▪ T R E ▪ R A T S O
L I N ▪ Q U A I D ▪ A T H I N
I T E ▪ S N O ▪ C L E E S E
C E D A R E D ▪ C O S S E T S
S A P P E R ▪ J A W ▪ L O P
T R E E S ▪ C A B L E ▪ E R R
E T A G E ▪ A G O ▪ M I C R A
R I C ▪ T I S ▪ O U T S T A Y
O C H S ▪ N U R S E S A I D E
I L E D ▪ M A B E L ▪ N O I R
D E S I ▪ E L I S E ▪ N O S
```

18

```
S T A R T L O W ▪ S L I C K
P A N O R A M A ▪ P I E M A N
O X I D I Z E R ▪ A D V I S E
N C O ▪ M A G M A S ▪ E N C E
G U N S ▪ R A I L S ▪ E L A L
E T S E Q ▪ S N L ▪ O D E
▪ R U E ▪ G A G ▪ E V E R
D O D G I N G T H E P R E S S
A B I E ▪ D A H ▪ M A R ▪
M D S ▪ Y E S ▪ S O P H S
N U I T ▪ W E B E R ▪ L E A H
D R N O ▪ I R E N I C ▪ O N E
E A T S A T ▪ N O C H A R G E
S T E I N S ▪ C R E A T I O N
T E R R Y ▪ H A D P L A N S
```

19

```
B O O M ▪ A R I L ▪ S H A M E
U N D O ▪ D A N E ▪ T O W E L
Y S E R ▪ A N N A S E W E L L
S I T T I N G S H I V A ▪
A T T A B O Y ▪ M I R A G E
T E A L S ▪ F L O E ▪ V O X
▪ S E A L I O N ▪ N E A T
▪ S I N G E R P E T E R ▪
Z A H N ▪ E A S E S U P ▪
I S O ▪ S I F T ▪ N O F O R
G H O S T S ▪ A C E T A T E
▪ T I T L E D B R I T O N
C O M I C S T Y L E ▪ S C O T
A W I N K ▪ D E E R ▪ T A L E
P E R K Y ▪ S S R S ▪ S T E R
```

20

```
R E T A R D S ▪ A Q U E O U S
E X A M I N E ▪ B U R K I N A
T U G B O A T ▪ J I G G L E S
A R T I S ▪ A C U T E ▪ L A H
I B E T ▪ S P O R E ▪ R I T A
N I A ▪ S H A M E ▪ T A N E Y
S A M E H E R E ▪ W I Z E N S
▪ G O I T A L O N E ▪
S Q U A W K ▪ G A M E S H O W
C U R D Y ▪ L A M A S ▪ O V A
R O O S ▪ A L I E N ▪ G O E R
E N L ▪ F R O N D ▪ C A P R I
E S O T E R Y ▪ U N L O O S E
N E G A T E D ▪ C O U L E E S
S T Y L E T S ▪ K N E S S E T
```

21

```
F I R   C A P O   A C C O S T
E N E   O D E R   C H A C H A
S T A N H O P E   C E R E U S
T O L U E N E S   E N F A N T
I N I T I A L     D I A N N E
V E S T R I E S   E E R I E R
A R M Y   S P E E D R E A D S
          E A U
B I G B A D W O L F   T S A R
A D E L I E   F O R S H A M E
R E S O R T   G A L A T E A
B A T T L E   M I N O R I N G
A M A T I S   E S C A P A D E
R E P E N T   S T E N   T E N
A N O D E S   S S S S   E D T
```

22

```
B L E A R     B O O R   C H I
B E L I E   M E T O O   H E N
C O L L E G E S C H O L A R S
  N A S C E N T     A I D E
          H A L O   B A S S E T
D O C T O R O F L E T T E R S
E S A U       L I L I
C O N G R A T U L A T I O N S
        E R I C     R A N K
P H I B E T A K A P P A K E Y
A E R I F Y   T R I O
T R O T     O I L P A L M
H O N O R A R Y D E G R E E S
O N E   A S H O E   U L T R A
S S R   T H O U     N O S E D
```

23

```
B O T T O M S U P   C I G A R
O V E R C O A T S   E N E R O
B A R I T O N E S   L S A T S
  L I G A N D S   G L A R E S
        V E E   F R A N
  C A K E D   S T A R D A T E
B A R E S   C O L D S O R E S
E D G E   D Y N E S   U R N S
D R O P F O R G E   S T A T E
S E N S U O U S   B A S S O
    S E N S   D I M
M U S C L E   T R A L A L A
E N R O L   L O O S E L I P S
A D O R E   A P P E T I T E S
N O S E D   R O A D S T E R S
```

24

```
T A S M A N   S T D   R E M O
I N T A C T   I R E   O D E R
S A I D T H E Z E N   T I L T
    P E E   R E S O N A T E S
  B U D D H I S T T O T H E
S O L O   U K U L E L E
O R A   N A P E   T I A R A
H O T D O G     V E N D O R
O N E I F   O S L O   M U M
      S T E N C I L   W I G S
M A K E M E O N E W I T H
H Y P E R B O L E   E S T
A T I T   E V E R Y T H I N G
T H A T   R E C   O H E N R Y
E S N E   S R O   M E D G A R
```

25

```
  N F L   N O W   B A S S E S
C A R A C A R A   A P I A R Y
O V E R A C T S   A N N U A L
D A D D Y L O N G L E G S
A L A N     N O R   A L A M P
      E P A   G I S   E L I E
W H E R E S P O P P A   I L K
H A S   R I O   P A L   T K O
E N C   F A T H E R G O O S E
L E A H   N A E   E A U
P Y R E S   S R O   T I N E
    P A P A H E M I N G W A Y
A C I D I C   S A T U R A T E
M O N I C A   T H E B E L L S
C Y G N E T   O A R   W K S
```

26

```
J O E S I X P A C K ■ L A D Y
I G N E S F A T U I ■ S N E E
B A S E L I N E R S ■ D I M S
E G O ■ A L E ■ V S O ■ T I M
S E R E N E ■ K E Y S ■ A M A
■ ■ A D S O R B ■ S O L O S
B E E T S ■ N I A ■ A F O O T
A L M S ■ E S L ■ F O R E
M A F I A ■ N H L ■ M I S E R
B L O N D ■ O N S P E C ■
O A R ■ A S T A ■ O L E S O N
O M S ■ M I R ■ D U O ■ T R I
Z E T A ■ D U R A N D U R A N
L I E N ■ E M A N C I P A T E
E N R Y ■ A P P L E C I D E R
```

27

```
T A T A ■ H A S P ■ I Z O D
A S I S ■ S A N E R ■ T O P E
J E T T ■ O R O N O ■ S W A N
■ A F R I C A N A F F A I R S
■ O A S I S ■ T I L L E T ■
B O R ■ M A S S ■ L I I
A N T ■ L I P S E R V I C E
R E A C H ■ N E H ■ T E N O R
B A T H I N G C A P ■ F A N
■ A N U ■ S N U G ■ E X O
Q U I D D E ■ G R I E R ■
R U N N I N G P R E S S E S
E A T S ■ I R A I L ■ S N A P
A S I A ■ K E L L Y ■ E C R U
P H E W ■ S T O A ■ N E A T
```

28

```
S C R A P ■ O C H S ■ C R O W
S H A R I ■ P O E T ■ H A L E
T A T A R ■ E Z R A ■ A I D A
■ F A N C Y D R E S S E R
■ S H A N E ■ E A T E R Y
C L O T H E S H O R S E ■
R I P ■ A D M A N ■ E N J O Y
A G E D ■ S I N E S ■ S A R A
M O D E L ■ T O T E S ■ P A L
■ F A S H I O N P L A T E
E N C A M P ■ S E I N E ■
B E A U B R U M M E L L
E V I L ■ O L E O ■ U L T R A
R E N T ■ U N I T ■ N I K E S
T R E S ■ T A R T ■ K E O G H
```

29

```
G S H A R P ■ O R A C L E
I C E F A L L ■ T H R O E S
B A L L P E E N ■ H E P C A T
I R E ■ S A G E T E A ■ A C E
N E N E ■ S A V O R ■ A C H E
G R A S P ■ L E O ■ P R O E M
■ P A P E R T R A I L S
■ S A R G A S S O S E A
■ R U N S A G A I N S T
C A N O E ■ L Y E ■ E T U D E
H I L L ■ P E D R O ■ A P I A
U N O ■ V I S I O N S ■ W A S
M O V E O N ■ E L E P H A N T
P U E R T O ■ L U C E R N E
S T R E E T ■ P A N D E R
```

30

```
B L A B S ■ A T W I T S E N D
R U N A T ■ C H I S E L L E R
E X I L E ■ T A L L T A L E S
W E L L E S ■ N E A R P A R
■ A L E C ■ Y M A
■ E N D E A R S ■ I P E C A C
A L O E ■ R A C E C O U R S E
M E T E S ■ V O L ■ D R A N O
O V E R T H E T O P ■ O N E S
R E D S E A ■ S P E E D E R
■ E V E ■ E L M O
■ L E A P E R S ■ F I L L I N
P O L L E N A T E ■ G L I D E
P R I M R O S E S ■ R A M O S
D I S A S T E R S ■ E R N S T
```

31

```
P R E   A R O A R   G A B L E
A E C   L A R G O   E A R E D
I C O M E F R O M   W H O S E
L A L A W     M A G   K E N
S P I R I T   M E N A C E
    A F A M I L Y W H E R E
F A T T E N E R   S A V O Y
I W O   G R A V Y   E V E
J E S T S   N E A T E N E D
I S C O N S I D E R E D
  A M A N D A D A G G E R
C A N   P O T   S E R G E
A C I D S   A B E V E R A G E
S O N I A G O T I T   Z E D
T W I X T S W A P S   E D S
```

32

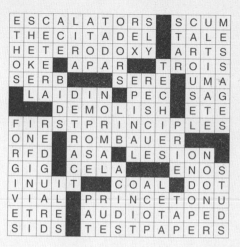

```
E S C A L A T O R S   S C U M
T H E C I T A D E L   T A L E
H E T E R O D O X Y   A R T S
O K E   A P A R   T R O I S
S E R B     S E R E   U M A
  L A I D I N   P E C   S A G
    D E M O L I S H   E T E
F I R S T P R I N C I P L E S
O N E   R O M B A U E R
R F D   A S A   L E S I O N
G I G   C E L A     E N O S
I N U I T   C O A L   D O T
V I A L   P R I N C E T O N U
E T R E   A U D I O T A P E D
S I D S   T E S T P A P E R S
```

33

```
A N T F A R M   P O S A D A S
M A H A L I A   I C E R I N K
S P I L L E D   T H E M A G I
T O N K I N   B A S S I N E T
E L K   E Z I O   S E A L S
R E S T   I N D E N T S
D O B I E   S I M B A   F B I
A N I M A T E D C A R T O O N
M I G   V E R D E   S H O R T
    S E T T L E R   E T N A
S P I T S   E D I T   B L T
T Y N E D A L Y   P A R R O T
A L G E R I A   A P P E A S E
C O L L O D I   C L I N K E R
K N E E P A D   T E N D E R S
```

34

```
A F T   G S A   H E F   H A D
C A H O O T S   O N A D A R E
A C E R B I C   G E N E R I C
D E[MAN]D   L O W S   Z E L D A
  W A N T T O   T I M E
S A H I B S   L R O N   Q E D
L E O N A   A F O R E   U R I
U R N S   J U[MAN]J I   P I N K
N I E   B A N J O   A R N I E
K E V   R I T A   S T E R E S
  E V E L   C H E A P O
A R R O W   A K I N   A[MAN]D A
L A W L E S S   L O G I C A L
U P A T R E E   T R I D E N T
M T S   Y E A   S A G   S K A
```

35

```
A L A S   C A B I N F E V E R
R E N T   E V A N G E L I N E
C A N A   B A R B A R O S S A
A P E R C U   B A I N   T U G
D I T C H   D E C O   C U R E
I N T H E D A R K   G A L E N
A G E   C A R O   R E P A S T
    S K I N F L I N T
H A O L E S   S A F E   R T E
A R B O R   M E T E R M A I D
B A S E   R A V E   A O R T A
I C C   R E N I   P L I E R S
T H E H U S T L E R   E G A N
A N N A B E L L E E   T A T E
T E E N Y W E E N Y   Y S E R
```

36

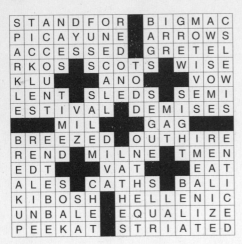

```
S T A N D F O R ■ B I G M A C
P I C A Y U N E ■ A R R O W S
A C C E S S E D ■ G R E T E L
R K O S ■ S C O T S ■ W I S E
K L U ■ ■ A N O ■ ■ V O W
L E N T ■ S L E D S ■ S E M I
E S T I V A L ■ D E M I S E S
■ ■ M I L ■ ■ G A G ■ ■
B R E E Z E D ■ O U T H I R E
R E N D ■ M I L N E ■ T M E N
E D T ■ ■ V A T ■ ■ E A T
A L E S ■ C A T H S ■ B A L I
K I B O S H ■ H E L L E N I C
U N B A L E ■ E Q U A L I Z E
P E E K A T ■ S T R I A T E D
```

37

```
T E S T S ■ B U S H ■ E M I T
U N T I E ■ O T T O ■ M E N U
B R O N X ■ B A R T S T A R R
M A R G E S C H O T T ■ T U B
A G E ■ S U A ■ D O E ■ P I A
N E S T ■ I T H E ■ F I N N
■ ■ O P S ■ O U T D O E S
■ T H E S I M P S O N S ■
■ T R I R E M E ■ E N D ■
S E A T ■ P R E T ■ A S H E
T E D ■ E M U ■ L S U ■ P E P
A T E ■ M A G G I E S M I T H
L I S A B O N E T ■ O U T E R
A M I N ■ R E N E ■ F I E R O
G E N T ■ I D E S ■ A R S O N
```

38

```
S L A S H P I N E ■ B L O B S
C O N T A I N E D ■ R E T R O
A N N E M E A R A ■ A F T O N
T E A P O T D O M E ■ T E N D
■ ■ P A D ■ G F O R C E
B E E B E ■ I N B O R N ■
A D L E R ■ T O E ■ E B S E N
B E K A A ■ I F S ■ N A I N A
S N O U T ■ O A T ■ C S P O T
■ J O I N T S ■ H E S S E
M A J O R S ■ E L F ■
I D O L ■ H O L L E R E D A T
D E W A R ■ D A L A I L A M A
A L L I E ■ O N E S E A T E R
S A Y S O ■ M A R E S N E S T
```

39

```
F I R S T A I D ■ L I S T S
O N E T O O N E ■ P E N M E N
R A M P A R T S ■ R A C I N E
■ S T E P ■ E D I T O R
■ T A N T A R A ■ D E T E N T
M U D E E L ■ I N A N E ■
A D L E R ■ C R O W ■ L A S
C O A R S E R ■ U N B L O C K
S R I ■ L A W N ■ L A C T I
■ A M E B A ■ B A N K O N
S T A T I C ■ S N I C K E R
T A L E N T ■ S O C K ■
O B L A T E ■ A R E A C O D E
C L O S E D ■ I M P R O V E D
K E Y E D ■ L A S T W O R D
```

40

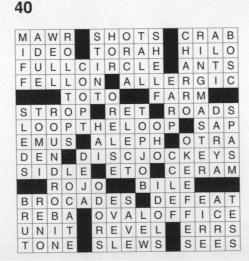

```
M A W R ■ S H O T S ■ C R A B
I D E O ■ T O R A H ■ H I L O
F U L L C I R C L E ■ A N T S
F E L L O N ■ A L L E R G I C
■ ■ T O T O ■ F A R M ■
S T R O P ■ R E T ■ R O A D S
L O O P T H E L O O P ■ S A P
E M U S ■ A L E P H ■ O T R A
D E N ■ D I S C J O C K E Y S
S I D L E ■ E T O ■ C E R A M
■ ■ R O J O ■ B I L E ■
B R O C A D E S ■ D E F E A T
R E B A ■ O V A L O F F I C E
U N I T ■ R E V E L ■ E R R S
T O N E ■ S L E W S ■ S E E S
```

41

```
T A M A L E S █ C P O █ O F F
A N I M A T E █ A R S E N A L
I N S I G H T █ N O T N I C E
L U G █ S O T █ E G E S T E D
S L O P █ S O S █ R O C █ █
█ █ V O N █ P T A █ O S L O
T H E L A T E L A M E N T E D
A E R O B I C E X E R C I S E
B A N N E R H E A D L I N E S
U P S A █ E O N █ E N G █ █
█ █ I F I █ S A T █ G I B E
E Y E S O R E █ B I T █ N U S
Y U L E L O G █ E A G L E T S
R A I S I N G █ T R I E S T E
E N E █ O S S █ S A F E S E X
```

42

```
S T A L A G S █ J O S H I N G
P E S E T A S █ A V I A T O R
R A I D E R S █ C A L L S T O
E R N I E █ M I L K F A R M
A S I N █ E T O N S █ B A M
D A N █ E B E R T █ M O O R E
S T E A M B A T H █ A S Y E T
█ █ H M S █ Y U L █ █
M C K A Y █ M O V E D O V E R
C H E S S █ A L O N E █ A G O
C E N █ S L E W S █ A L G A
L A Y S I N T O █ S E V E R
U P A T R E E █ I N T R A D E
R E N A M E S █ T R A I T O R
E N S N A R E █ S A T E E N S
```

43

```
G A L S █ C A V E R █ P E T S
A L O E █ A D I E U █ E X I T
T O S C A █ R O B E R T █ T U T O R
R O O S T E R S █ B E L L E
█ H O S E █ S M A R T E D
A S S E T S █ S T A B S █
S E A L █ A H O L E █ A R T
H A M L E T S O L I L O Q U Y
E N E █ L I T R E █ R U S K
█ A G R E E █ S E D A T E
D E C R I E R █ M A G I █
E L L E N █ S A Y O N A R A
N O T I O N █ A C T O R S █ A D O B E
E T N A █ F O R T S █ L I S A
S E E S █ T O K Y O █ S T E M
```

44

```
I S A W █ A M F M █ C A N S T
T O T H E R E A R █ A V O I D
I M M I G R A T E █ S A N D S
S E E S R E D █ D E S I R E
█ K E S E Y █ R I L E S
B R E T T █ U L N A █ A T T
P E E R S █ B L U E S █ D R Y
T A W S █ W R E N S █ W E E K
A R E █ K O A L A █ T H R E E
S D I █ E R G O █ C R E S T
█ O G R E S █ G R O A N █
W H I N E S █ I N V E R S E
A N I S E █ I N P R I V A T E
M O N K S █ G R E A S E G U N
A N G S T █ H A R D █ R U B Y
```

45

```
O N A L A R K █ S O A N D S O
P O L E C A R █ T A K E O U T
A S T O R I A █ T R I E S T E
L I O N █ D A S H █ S T A L L
I R O A M █ L O O P S █ G E L
S E N █ R E S U M E █ Z E R O
H E A T H S █ A C R O S S █
█ N E R O █ A K I N █
N O E X I T █ A V E R S E
C A N E █ E R R A T A █ O P A
A T E █ A D E N T █ L O S E S
B A T H E █ S A R I █ P E L T
A L I A S E S █ E N T I T L E
L I M N I T E █ S C A N T E R
S E E S R E D █ T H R E A D S
```

46

```
L A N G E ■ H A T S ■ E W E R
A D O R N ■ A T R A ■ X R A Y
G O M A D ■ L O A M ■ C A R E
■ S O M E O F M Y P L A Y S ■
■ ■ P A R ■ S L A V ■ ■ ■ ■
J M B A R R I E ■ E D A M E S
E A U ■ S I T A R ■ S T A L L
E R I K ■ N A T A L ■ E R I E
P I L L S ■ L U Z O N ■ C H E
S E T O U T ■ P E T E R O U T
■ ■ N E R O ■ S O O ■ ■ ■ ■
■ A N D S O M E P A N O U T ■
E Q U I ■ J A N A ■ A T R E E
B U N K ■ A N O N ■ T E N T S
B A S E ■ N I L E ■ E D S E L
```

47

```
L I G H T S O U T ■ ■ C L A M
S T A I R C A S E ■ S A U C E
D E B R I E F E D ■ U L T R A
■ ■ ■ S E N S E D ■ B L E E D
A C C U S E ■ Y E W S ■ ■ ■
F O O T ■ H O B N A I L E D
I L L E ■ N I N E T Y N I N E
E L O ■ B I G E A R S ■ S T U
L A N C A S H I R E ■ O T I C
D R Y C L E A N S ■ P E R E
■ ■ R A I N ■ E V E N E D
K R A I T ■ D R I V E N ■ ■
H O N D O ■ L A C E R A T E S
A L D E N ■ O V E R V I E W S
N E A R ■ ■ W E S T E R N E R
```

48

```
C A P P ■ ■ S A N M A T E O
O L L A ■ ■ S P R E A D E R S
B I E R ■ T E L E C O U R S E
R E A C Q U A I N T ■ L I E S
A N T E U P ■ T O A S T ■ ■
■ ■ L I P P I ■ R E E B O K
H A L ■ D E A N S ■ T R I K E
E R I C ■ R U F U S ■ Y O R E
S C R O D ■ L I M P S ■ S A P
S H A M U S ■ N O R A D ■ ■
■ ■ P O N T I ■ U G A N D A
S K U A ■ A U T O N O M O U S
H A N D S P R I N G ■ P I N K
I T E R A T I V E ■ E R N E
N O S E C O N E ■ ■ R E E D
```

49

```
M O T S ■ M A L ■ ■ S H O U T
U S O C ■ E R I C ■ P E R T H
O H O H ■ L I M A ■ O R T H O
N A T O ■ B O O B O O B E A R
■ ■ H O R A S ■ A N N ■ G N P
B U G L E ■ E D N A ■ S A T E
A P E R C U ■ R A J A H ■ ■
A S L O O S E A S A G O O S E
■ ■ O N E A M ■ G N O M E S
A H E M ■ D R A T ■ E T N A S
R O M ■ S T L ■ S U S H I ■
G O O G O O E Y E S ■ O V A L
U P T O N ■ S E T H ■ O O N A
E L E N A ■ S A S E ■ P R O P
D A R E R ■ ■ H E R ■ S E N D
```

50

```
E D I T O R I A L C H A I R S
C A M E T O T H E R E S C U E
T H R E E M A S T E D S H I P
O L E ■ ■ A L O H A ■ T O N I
■ ■ J O N I ■ E M F ■ R S A
G A M E C O C K ■ E O S ■ ■
A V I S O ■ I N P R O T E S T
R E R U N ■ Z O A ■ T O W N S
B R A I N C E L L ■ A P E A K
■ ■ T O A ■ L O D G I N G S
L O N ■ R T E ■ M E E T ■ ■
A R E A ■ E L V I S ■ ■ A P U
B O R D E R L I N E C A S E S
E N T E N T E C O R D I A L E
L O S E S O N E S T E M P E R
```

51

```
M A M A S   O M A R   S T E P
A M A D O   N U D E   H A N A
H A S O N   E L L E   U K E S
I N Q U I S I T I V E N E S S
  D U T C H   I B E X   E C O
T I E   S O A P     E X X O N
I N R E   O S L O   R E C
L E A D S T H E W I T N E S S
    D E A   E X E C   O P U S
B E E R Y     C R A M   T N T
A M P   A C T I   N O B I S
D E A T H B E N O T P R O U D
G U R U   S H E P   I O N I A
E T T E   T E M A   N I T T I
R E Y S   V E A L   G L O S S
```

52

```
W A N   N A C H O S   A T V S
E R A   A U L A I T   D E A L
A C C E P T A B L E   V E N A
P A R I A H S   S A G E H E N
O R O S   O S H   M E R E S T
N O U N   R Y E S   O B E S E
    S E M I   N E A R   D A D
    R A Z O R E D G E
A P T   R E L Y   J I L T
C R A N K   A I D E   V E R B
C O P I E R   V I C   E X E L
E R E C T E D   S T A R T L E
D A M E   P E R M I S S I O N
E T A L   A L E A V E   L A D
D E N Y   Y E S Y E S   E D S
```

53

```
H A P S   C A R B   X M A S
I C E T   O N E B   M O O C H
T U N A   D O N Q U I X O T E
S T A G N A N T   S N O R E R
H A L E Y     T U X E D O
O B T R U D E S   A T O
M O I   K O R A N   E X I T
E V E S   G I J O E   O L E O
  E S Q S   C A P R A   L A P
  U P S   K E E P S A K E
M A D E I T     O A T E N
U P H E R E   T R I P L E T S
F R O Z E N F O O D   L A T H
F I L E S   E M M Y   O S L O
S L E D   Z E A L   W E E P
```

54

```
T A O   T H U S   S E A L I N
I L L   S O S O   N A D I N E
E L D   A M U R   E G R E T S
R E M   R E A R   E L I D E S
E G O S   B L Y   R E V E R E
D E N I E R   W E S T E R N S
  D E P L E T E D
  Y E S W E R E O P E N
    R E N T A C A R
E P I D E M I C   T R O P I C
S A M I T E   L A O   N O V A
C R A V E S   O S H A   L I P
H O M E R S   S I A M   E E L
E L A I N E   E C H O   O R E
R E N N E S   D E N S   N A T
```

55

```
C A R S   A C T   E S C A P E
O L E S   N O R   S P A R E D
N O S T A T U E   T U R T L E
G H I   H A S E V E R B E E N
R A S   S C I   A L T O
E S T E   I N A L L   N A G S
S T A T E D   B E E P   N E T
S A N D L   P U T   C O T T A
E T C   F L A T   A S S I S I
S E E P   A R S O N   S P A R
    R E N E   P T A   O R C
U P T O A C R I T I C   L O A
C H A N G E   S I B E L I U S
L I F T E R   I C E   A C N E
A S T O R S   S S S   B E D S
```

56

```
. P S I S . . . M A R I S .
K O E N I G . . E M A N A N T
A M N E S I A . M E L I N D A
S P A R T A N . I N A S T I R
B A T T I N G P R A C T I C E
A N O I N T E R . R H O N E S
H O R A E . L E A D I N G S .
. . . . . A F L . . . . . .
. L A S C A S A S . H A S T A
K I T K A T . B A L A N C E S
A C H I L L E S T E N D O N S
N E E D H A M . I N D O R S E
S N I D E S T . A D O R N E R
A S S O R T S . . S U R E S T
S E T O N . . . T A R T .
```

57

```
S T R A I G H T S . A L G A E
H E A D S T A R T . F O L L Y
A L F A R O M E O . A P A C E
S L A . S U M M E R . D A T
T E E M S . P O P S . I T O
A R L E E N . R E C S . O R E
. . . S T O P . D U N . L A Y
J O C A S T A . I D O L I Z E
U N A . A N N . N O R A .
M T N . T E A S . S E N D I N
P H D . A T T S . R E E S E
P E I . G R E E N E . S O W
A D D T O . L E A V E H O M E
S O L E R . A L I E N A T E S
S T Y L E . S E L L S H O R T
```

58

```
L E E . L A S T M I N U T E .
A I L . A S T R O N O M E R S
S T D . C H R I S T M A S S Y
T H O R . E A T E R S . T A R
W E R E A . Y O Y O . Y E T I
O R A L S . I N S . L E E Z A
R O D . P I N E . M A L .
D R O N I N G . P A I L F U L
. I R K . I R E D . A L A
G L A C E . O N E . T I L T S
R O C K . O F F S . O N S E T
O N A . E C L A I R . D E R N
U N D E R H A N D E D . T I A
P O I N S E T T I A S . T O M
. L A S T R E S O R T . O R E
```

59

```
A F T E R . I B N . A N A .
M E R L E . N E U T R O N S .
A D A M D I D N T H A V E T O
. . D O O N E . R I B . M O I
B E E . A N G I E . S I O N
L I S T E N T O E V E T A L K
T R I A G E . A N E A R .
. E N R Y . A T T . R A B E
. . S P A C E . B L U R R Y
A B O U T T H E H U S B A N D
C A N S . E I D E R . S O S
E T S . P O L . E M I R S .
S H E C O U L D H A V E H A D
. E T C E T E R A . A B A S E
. S I T . S S W . N A T A L
```

60

```
S C R I P P S . G A B B L E S
T H E P O O H . O N L E A V E
R O S A N N E . S T U N N E D
A L A N D T I P P E R G O R E
F I L E . S K E E . B A L E R
E N E M Y . S A L E . L I T S
S E S A M E . R E P A I N T .
. . . C A N . R E I . . .
. R E B A T E D . E N I S L E
R E M I . S W A M . U S T E N
A M E S S . A M A H . R A N G
N O R T H E R N R O M A N I A
T R I R E M E . S N E E Z E R
A S T O R I A . H O L L A N D
T E A S E R S . A R T I S T E
```

61

```
R A G A   P I T A   C A R A T
I C E L   R O A N   E V A D E
G E T A R O U N D   L A T E X
G R I M E S   K O B E
    S T O P I T   R E S O L E S
      D A T E S   S T R O D E
E A V E D   M O V E A B O U T
A N Y   S P L I T   S C I
S K I P A H E A D   S T E E N
E L N I N O   R O M E R
L E G A T E E   R E P A S T
      A S S T   T I P T O E
R A Z O R   T A K E A P A R T
E X I L E   O R E O   E R M A
B E A D S   P A R R   R E E L
```

62

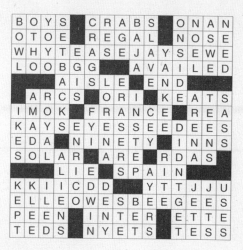

```
S T S   J O S E   S U D A N
O I L P A I N T S   C N O T E
H E A R T B E A T   A T L A W
O R B I T I N G   D R I L L S
    S E N D   R E V E A L
  P R O N G   W H E E   R T S
T R E N D   W E E D S   M I A
R O S S   M O L T S   C A M P
O V O   D O U B T   C O R E S
N I L   O R L Y   G A W K S
  D U M P E D   B A N G
D E T A I L   L E F T I S T S
A F I R E   T I T F O R T A T
T O O T S   W A T E R L I L Y
E R N S T   O R E S   R E X
```

63

```
H E A D B A N D S   Z A P P A
E X P I A T I O N   O N E A L
P A P A R A Z Z I   L I E G E
A M A   S L E E P W A L K E R
T I L L   E R O S E   S E A T
I N L E T   F O L K   R N S
C E S T A S   F U L L E S T
    I N N S   T E E N
  H I T T I T E   R I D G E D
B I N   O V A L   N O R T E
A D E N   E V E R T   N E A T
T A X A B L E G A I N   A M E
A L I V E   S A N M A R T I N
A G L E T   I N C I P I E N T
N O E L S   N T H D E G R E E
```

64

```
B O Y S   C R A B S   O N A N
O T O E   R E G A L   N O S E
W H Y T E A S E J A Y S E W E
L O O B G G   A V A I L E D
    A I S L E   E N D
A R C S   O R I   K E A T S
I M O K   F R A N C E   R E A
K A Y S E Y E S S E E D E E S
E D A   N I N E T Y   I N N S
S O L A R   A R E   R D A S
    L I E   S P A I N
K K I I C D D   Y T T J J U
E L L E O W E S B E E G E E S
P E E N   I N T E R   E T T E
T E D S   N Y E T S   T E S S
```

65

```
R A T E L   C L A P T R A P
E L E V E   H O M E M O V I E
S T A I N   A M E R I C A N A
P E C A N P I E S   O R E S
I R A N I A N   L U C I T E
T E R   E R M A   U N O C A L
E D T   L A T I N I   E R S
    H A I R N E T
S M U   E N L I S T   E F T
C O P T I C   P I T S   T O R
U N S O R E   S E A F I R E
B O C A   J E T S T R E A M
A L A M O D O M E   R I N G O
S O L A R O V E N   A S N E R
  G E N T L E S T   P E E R S
```

66

B	E	H	I	N	D	S	■	B	U	G	E	Y	E	D
I	S	A	D	O	R	A	■	A	R	I	Z	O	N	A
S	C	R	E	W	E	D	■	U	N	T	R	U	T	H
H	A	P	S	■	A	L	E	X	■	G	A	V	E	L
O	P	E	■	A	M	E	R	I	G	O	■	E	R	I
P	E	R	P	E	T	R	A	T	E	■	G	O	A	■
S	E	V	E	R	■	T	I	N	■	T	O	N	S	■
■	■	A	E	O	N	S	■	C	L	E	A	T	■	■
G	U	L	P	■	A	P	I	■	S	C	A	R	F	■
I	S	L	■	D	I	S	G	U	S	T	F	U	L	■
L	G	E	■	S	A	L	E	R	N	O	■	R	N	A
B	R	Y	A	N	■	L	E	A	S	■	W	I	L	T
L	A	P	L	A	T	A	■	S	T	A	R	E	A	T
A	N	T	I	F	O	G	■	P	O	L	E	N	T	A
S	T	A	T	U	T	E	■	S	P	A	N	D	E	X

67

S	N	A	P	■	T	A	P	A	■	■	A	F	R	O
L	A	K	E	■	A	R	U	B	A	■	J	E	E	P
I	T	I	S	■	P	A	P	A	S	■	A	L	O	T
C	U	T	T	H	E	M	U	S	T	A	R	D	■	■
E	R	A	S	E	R	■	■	H	U	G	■	S	C	I
R	E	S	■	R	E	D	S	■	T	O	P	P	E	D
■	■	■	M	A	D	E	T	H	E	G	R	A	D	E
S	H	E	A	■	M	A	O	■	■	O	R	E	S	■
W	A	S	U	P	T	O	S	N	U	F	F	■	■	■
A	N	T	L	E	R	■	H	E	R	O	■	A	C	U
T	S	E	■	E	O	S	■	C	R	A	V	E	N	■
■	■	F	I	L	L	E	D	T	H	E	B	I	L	L
O	M	A	N	■	L	E	R	O	I	■	B	A	T	E
W	I	N	K	■	S	T	A	I	N	■	O	T	I	S
E	A	S	Y	■	■	O	W	L	S	■	T	E	C	S

68

A	M	O	R	T	■	N	A	P	A	■	R	S	T	■
B	O	N	E	R	■	B	O	L	O	S	■	H	A	W
S	T	E	V	E	C	A	N	Y	O	N	■	A	L	E
C	H	A	S	E	R	S	■	■	H	E	L	P	M	E
A	R	C	■	D	E	I	G	N	■	R	E	S	I	T
M	A	T	T	■	S	C	R	A	P	■	G	O	N	E
■	■	A	M	T	■	O	N	E	S	I	D	E	D	■
■	M	A	R	T	I	N	A	A	R	R	O	Y	O	■
B	U	C	H	A	N	A	N	■	I	A	N	■	■	■
A	S	H	E	■	G	R	E	C	O	■	S	L	O	G
I	C	I	E	R	■	C	R	U	D	E	■	I	R	E
L	U	L	L	A	Y	■	■	K	I	N	G	P	I	N
E	L	L	■	J	U	D	G	E	C	R	A	T	E	R
R	A	E	■	A	L	I	A	S	■	O	Z	O	N	E
S	R	S	■	H	E	M	P	■	■	L	E	N	T	S

69

B	E	M	U	S	E	■	A	D	M	I	R	A	L	S
E	X	U	L	T	S	■	T	E	R	R	A	R	I	A
C	E	S	T	A	S	■	H	E	D	O	N	I	S	M
A	T	T	I	L	A	■	O	P	E	N	D	A	T	E
L	E	E	M	A	Y	■	U	S	E	D	■	■	■	■
M	R	R	O	G	E	R	S	■	D	U	C	A	T	S
■	■	■	■	D	O	A	■	S	K	O	K	I	E	■
O	C	C	A	M	■	E	N	O	■	E	X	A	C	T
K	O	A	L	A	S	■	D	U	H	■	■	■	■	■
D	O	R	E	M	I	■	C	R	A	P	G	A	M	E
■	■	■	■	M	E	A	L	■	R	O	A	M	E	D
A	L	P	H	O	N	S	O	■	P	U	R	I	N	A
S	E	E	I	T	N	O	W	■	I	N	S	E	A	M
E	D	I	T	H	A	N	N	■	S	C	O	N	C	E
A	S	S	E	S	S	E	S	■	T	E	N	S	E	S

70

D	U	S	T	E	D	■	■	S	E	N	E	C	A
O	N	T	R	I	A	L	■	W	I	N	E	S	A	P
G	R	A	I	N	R	E	C	E	P	T	A	C	L	E
L	I	L	■	S	T	A	H	L	■	O	P	A	L	■
E	P	I	C	■	S	P	E	D	■	S	P	E	W	■
G	E	N	O	A	■	S	N	E	A	K	■	A	D	E
■	■	A	M	A	■	I	R	M	A	■	D	O	N	■
G	I	L	L	I	G	A	N	S	F	R	I	E	N	D
A	D	O	■	G	A	R	B	■	M	A	R	■	■	■
D	O	C	■	O	R	A	L	S	■	T	I	L	L	S
S	L	O	W	■	B	A	A	S	■	S	O	O	T	■
■	A	W	O	L	■	I	N	D	I	A	■	Q	U	O
I	T	E	M	I	N	A	C	A	R	T	R	U	N	K
F	R	E	E	M	A	N	■	T	E	E	N	A	G	E
S	Y	D	N	E	Y	■	■	N	E	A	T	E	R	■

71

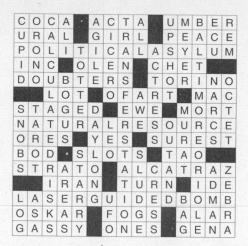

```
C O C A . A C T A . U M B E R
U R A L . G I R L . P E A C E
P O L I T I C A L A S Y L U M
I N C . O L E N . C H E T .
D O U B T E R S . T O R I N O
. L O T . O F A R T . M A C
S T A G E D . E W E . M O R T
N A T U R A L R E S O U R C E
O R E S . Y E S . S U R E S T
B O D . S L O T S . T A O .
S T R A T O . A L C A T R A Z
. I R A N . T U R N . I D E
L A S E R G U I D E D B O M B
O S K A R . F O G S . A L A R
G A S S Y . O N E S . G E N A
```

72

```
F R A N Z J O S E F I . M E S
L I Q U O R S A L E S . E X O
E V A N G E L I S T S . L I L
R E B S . W I N . C U P O L A
S T A . P I N T . H E R D E R
. B U N . L I E D E R .
S T R O N G H O L D . D A I S
O W E N S . A U K . K I M B A
D O L E . P R I S O N C A M P
. A S C O T S . B E T .
E S T E E M . B L O W . M V P
T H E T O P . L E I . V E I L
H A D . R E Q U E S T E D T O
A R T . L I B E R T A R I A N
N E O . S I S S Y S P A C E K
```

73

```
T O Q U E . E M U . L O G E .
A R U B A . B O S W E L L S
G A I U S . B R A I N I A C
. D R Y S . A B S . P R A M
A N N O . M I L L E . H E P S
L O U I S A S . E N C A S E S
A N N . T R I M . H O N
R O C K E T S C I E N T I S T
. A N Y . A R I A . M O E
R A G T O P S . O M N I B U S
Y L E M . A L O N E . N E S T
E T N A . N I L . R O T C
. E I N S T E I N . O U I J A
. R A D I S S O N . P I L E D
S L U M . T S E . S T E W S
```

74

```
T A L I S M A N . M U R M U R
A B E B E A M E . A T E A S E
M O O S E J A W . S A N D A L
. E T A . F I S H . A G A
P I A N O . S O N E . N M E X
A R R . S H U T . M O E
P E R E G R I N E F A L C O N
A N I M A T E D G E S T U R E
S E V E B A L L E S T E R O S
. E R E . D A R T . I N T
L A D Y . F E N S . T H E O S
A P E . J U D D . A R I
P A R K A S . E D W A R D I I
A R C A D E . R I O D E O R O
Z T I L E S . S A L E S M A N
```

75

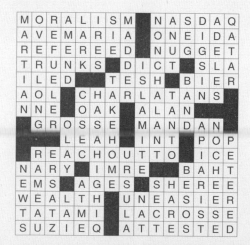

```
M O R A L I S M . N A S D A Q
A V E M A R I A . O N E I D A
R E F E R E E D . N U G G E T
T R U N K S . D I C T . S L A
I L E D . T E S H . B I E R
A O L . C H A R L A T A N S
N N E . O A K . A L A N .
. G R O S S E . M A N D A N
. L E A H . I N T . P O P
. R E A C H O U T T O . I C E
N A R Y . I M R E . B A H T
E M S . A G E S . S H E R E E
W E A L T H . U N E A S I E R
T A T A M I . L A C R O S S E
S U Z I E Q . A T T E S T E D
```